LES ANGLAIS

LIGNES DE VIE D'UN PEUPLE

Éric Albert

HD ateliers henry dougier

Remerciements

C'est un cliché, mais ce livre n'aurait pas été possible sans la patience et le soutien de Ging et Tien. De très chaleureux remerciements sont dus à Étienne Duval, pour sa relecture attentive et ses excellentes suggestions. Salutations également à Marc Roche, ancien collègue du *Monde*, qui a su partager sa longue expérience d'écriture de livres. Je remercie enfin tous mes interlocuteurs rencontrés pour ce livre, trop nombreux pour être cités, mais qui en sont la matière première et qui ont fait preuve d'une patience à toute épreuve et d'une aide précieuse.

Les ateliers henry dougier, notre philosophie d'action

Nous voulons être aujourd'hui – comme hier, en 1975, quand nous avons créé Autrement et ses 30 collections – des passeurs d'idées et d'émotions, des créateurs de concepts et d'« outils » incitant au rêve et à l'action. L'un et l'autre, inséparables !

Notre démarche volontariste s'inscrit dans un regard impliqué, mais libre, sur des sociétés en mutation accélérée, dans une ouverture permanente vers le haut et vers le large.

Vers le haut, par l'originalité des angles, la force des écritures, la fiabilité des auteurs, la beauté des formes. **Vers le large**, par l'ampleur des focalisations, la diversité des sensibilités, la convergence du court et du long terme, la fusion de la mémoire et de l'imaginaire.

Notre ambition : raconter avec lucidité, simplicité et tendresse, la beauté et les fureurs du monde. Tout ce qui est susceptible de nous réveiller, de briser la glace en nous, de réenchanter nos vies.

La nouvelle collection **« Lignes de vie d'un peuple »** concrétise cette ambition, comme la proue d'un brise-glace qui avance…

Chaque titre de cette collection est également disponible en **e-book**, enrichi de matériaux sonores et visuels sélectionnés par les auteurs.

Pour en savoir plus sur l'association, ses publications, et découvrir nos bonus numériques, retrouvez-nous sur notre site Internet : **www.ateliershenrydougier.com**

Suivez nos auteurs et soyez informé de nos prochaines rencontres sur notre page Facebook.

SOMMAIRE

ANNEXES

AVANT-PROPOS

Mes chers Anglais,

Vous permettez que je vous appelle « chers » ? Après tout, vous donnez bien du « Dear Mr. Smith » dans la moindre lettre administrative, sans que ce qualificatif n'ait aucune signification affective. Mes chers Anglais, donc, mais qui êtes-vous ? Cessez de prendre ce regard hautain quand je vous pose la question. Les Français passent leur temps à s'interroger sur eux-mêmes et prennent la réponse très au sérieux. Alors que vous, bien au contraire, vous répondez non pas par un haussement d'épaules (ce serait une réaction française), mais par un haussement des sourcils. Vous définir ne vous intéresse guère. Se regarder le nombril n'est pas votre fort, et imposer des cadres définis encore moins.

Vous n'avez pas de Constitution écrite, vos lois dépendent surtout de la jurisprudence, vous n'êtes même pas un pays… Une nation, oui, mais seulement une parmi les quatre qui forment le Royaume-Uni.

Mais après tout, vous n'avez pas besoin de vous définir. C'est votre force : vous savez qui vous êtes. Sûrs de vous, toujours, hautains, parfois, mais adaptables et pragmatiques, toujours.

Pour la Coupe du monde de football au Brésil, en juin 2014, le *Sun* a réalisé une édition spéciale, distribuée gratuitement à 22 millions d'exemplaires. Pour l'occasion, il a réalisé un sondage pour identifier les caractéristiques qui, d'après les Anglais, les définissent. Le *fair-play* arrive en tête (47 %), suivi de la météo (39 %), être tolérant (36 %), faire la queue (35 %) et être flegmatique (27 %)…

Bonjour les clichés. Le *fair-play*, votre principale caractéristique ? Vraiment ? Après onze années passées à Londres, je ne peux m'empêcher de m'esclaffer. Tout prouve le contraire. Dans les relations géopolitiques, dans les affaires, dans le sport même, vous jouez pour gagner. Pas pour la beauté du sport. Quand Andy Murray, un tennisman écossais, que vous avez longtemps malmené, a remporté Wimbledon, vous vous êtes empressés d'oublier ses origines et d'en faire un héros « britannique ». En rugby, votre star a longtemps été Jonny Wilkinson, un buteur spécialiste des tirs lointains, pas un maître du jeu à la main : peu importe la manière, tant qu'il marque des points.

Dans vos négociations avec l'Union européenne, la seule logique qui compte est le gain pour votre pays. Et en affaires, le problème est résolu depuis longtemps : celui qui a le plus d'argent a gagné. Le milliardaire Richard Branson est mis en avant comme un héros de l'entrepreneuriat, pas vilipendé comme un exilé fiscal. L'origine des fortunes des oligarques russes importe peu, tant que leur argent termine sur les bords de la Tamise.

Oh, vous n'êtes pas les seuls à agir de cette manière-là. La France aussi ne pratique guère le *fair-play*. Et je ne vous le reprocherais pas si vous ne mettiez pas systématiquement en avant cette idée, qui en dit long sur la façon dont vous souhaiteriez vous voir. Vous vous percevez comme un peuple juste, oubliant un peu vite que vous êtes l'un des plus inégalitaires du monde occidental.

Alors, qui êtes-vous, amis anglais ? Que se cache-t-il derrière cette savante politesse ? De la froideur et un complexe de supériorité ? Ou une vraie décence et un savoir-vivre hautement civilisé ?

L'Angleterre n'est donc pas un pays. Ce dernier s'appelle officiellement le Royaume-Uni de Grande-Bretagne et d'Irlande du Nord. La Grande-Bretagne, composée de l'Écosse, du pays de Galles et de l'Angleterre, relève d'une logique géographique évidente (c'est une île), tandis que l'Irlande du Nord est le résidu de la colonisation de l'île voisine, qui a mal tourné.

Pourtant, l'Angleterre domine très largement cet ensemble. Il est question de reine *d'Angleterre* et d'Église *d'Angleterre*, pas du Royaume-Uni. Les Anglais s'approprient le Royaume-Uni sans vergogne, et souvent sans vraiment s'en rendre compte, au grand agacement des autres nations. Les Écossais en sont tellement ulcérés qu'ils ont failli voter leur indépendance. Et d'avance, mes excuses aux lecteurs : plusieurs chapitres de ce livre mélangent Britanniques et Anglais. Je sais bien que ce n'est pas la même chose, mais l'amalgame est parfois un raccourci nécessaire.

À défaut d'être un État-nation, l'Angleterre est un peuple de 53 millions d'habitants, coincé dans un petit territoire de 130 000 kilomètres carrés, entre le mur d'Hadrien au nord, la digue d'Offa à l'ouest, et la mer partout ailleurs.

J'ai construit ce livre autour de quatre grandes évidences. La première va de soi, mais son influence est décisive : l'Angleterre est une île (avec encore mes excuses au pays de Galles et à l'Écosse). Ça change tout. L'étroite bande de mer qui sépare les falaises blanches de Douvres du port de Calais a longtemps permis au pays de vivre replié sur lui-même, protégé naturellement des ennemis. Pas besoin de construire politiquement le pays, d'imposer des frontières, de repousser l'envahisseur. L'île est inviolée depuis 1066 et la victoire de Guillaume le Conquérant à Hastings (en excluant donc les invasions écossaises en

Angleterre). Il en découle logiquement que le besoin de se définir est limité.

La deuxième évidence concernant l'Angleterre est qu'il s'agit d'une société de classes. C'est aujourd'hui beaucoup moins visible qu'autrefois, mais les Anglais continuent à se définir comme cela. Je me souviens de mes premiers reportages dans le nord de l'Angleterre, quand je peinais à comprendre la fierté que prenaient les habitants de leurs racines populaires. *Working class*, *middle class* et *upper class* : la notion marche mieux en anglais qu'en français. Tout ça a beaucoup changé ces dernières années, mais cela demeure une clé de compréhension de ce peuple.

Reste les deux dernières évidences, celles qui surprennent autant qu'elles rebutent. Qu'est-ce que vous pouvez être durs avec les pauvres ! Sans pitié. Saletés de pauvres, vraiment ! Et dans le même temps, quelle finesse, si agréable à vivre : votre humour, incontournable, qui permet d'assouplir les relations humaines ; vos sous-entendus pince-sans-rire ; vos tasses de thé au lait par milliers, vos pubs, vos boîtes aux lettres rouges ; votre plaisir à simplement marcher dans les collines vertes de vos campagnes… Ce paradoxe fondamental, cette dureté mélangée de règles de bienséance, cette extrême civilité d'une nation qui ne fait pas de cadeaux est la clé des Anglais. Je ne sais pas si j'ai trouvé cette clé (c'est l'affaire de toute une vie…), mais je dois dire que cela en fait un pays très agréable à vivre.

C'est vrai, vous n'êtes pas immédiatement chaleureux. Vous apprivoiser prend du temps. Mais cette bienséance simplifie tellement la vie. Amis français, vous ne pourriez pas vous ranger à droite dans les escalators du métro comme tout le monde ? Je vous assure que cela rend la vie plus facile.

Enfin, ce livre intervient à un moment charnière. Les Anglais traversent une crise. Ou disons des incertitudes. Le Royaume-Uni est en train de se transformer : l'Écosse, le pays de Galles et l'Irlande du Nord ont désormais chacun leur Parlement. Ces trois nations prennent de plus en plus d'autonomie, chacune avec leur caractère bien trempé. Le débat démocratique qui s'est emparé de l'Écosse pendant la campagne du référendum l'a montré : si le « non » à l'indépendance a finalement gagné largement (55 % contre 45 %), les forces centrifuges qui règnent au sein du Royaume-Uni sont très puissantes. Les Anglais, eux, qui ont 84 % de la population britannique, n'ont ni Parlement ni identité bien claire. L'absence d'autodéfinition, autrefois une force, devient une faiblesse.

Le rayonnement évident du temps de l'Empire n'est plus. Le Royaume-Uni n'est plus qu'une puissance moyenne, en déclin relatif, comme le reste de l'Europe. Dans le même temps, l'immigration des cinquante dernières années, qui s'est accélérée à la fin des années 1990, a entrepris de brouiller les lignes ethniques, pour autant qu'elles aient jamais existé. Enfin, un retrait de l'Union européenne est sérieusement envisagé. Bref, les Anglais s'interrogent. Mes chers Anglais, permettez à un étranger de tenter d'apporter quelques réponses. ■

PARTIE I

UNE ÎLE

LA PARABOLE DU CRICKET

Dans les tribunes, un homme somnole, les yeux clos, un demi-sourire sur les lèvres. Dans le gradin d'à côté, un groupe d'amis a sorti les verres en cristal pour siroter du champagne, tenu au frais dans la glacière. On échange de bons mots, tout en gardant un œil distrait sur le cricket. Sur l'herbe, aux limites du terrain, les couvertures ont été étalées, les pique-niques déballés et les bières vidées. Un couple donne à manger à son bébé, le dos ostensiblement tourné aux joueurs. Les enfants ont sorti les balles en plastique et les battes miniatures pour s'amuser.

Et pendant ce temps-là, le Marylebone Cricket Club (MCC) affronte le club du Hertforshire. Le 22 juin 1814, ces deux équipes avaient été les premières à se rencontrer à Lord's, le terrain mythique de Londres de ce sport tellement anglais. Deux siècles et 2 758 matchs plus tard exactement, pour célébrer l'événement, la même rencontre est jouée. Qu'il s'agisse d'une partie de gala accentue bien sûr l'absence d'intérêt des spectateurs, mais l'atmosphère de fête estivale de village s'approche ainsi du vrai esprit du cricket.

« C'est l'ambiance qui compte, pas vraiment le jeu, estime Clare, 28 ans. Le cricket, c'est d'abord une plaisante journée passée à l'extérieur, en compagnie d'amis. » Elle est venue avec un groupe de cinq personnes, avec une bouteille de champagne aux couleurs de l'Union Jack (et pas mal d'autres boissons alcoolisées). Le lendemain, elle a prévu d'aller au tournoi de tennis de Wimbledon. Son ami Chris, 27 ans, s'est rendu quelques jours plus tôt à la course hippique très huppée de

Royal Ascot. « Le cricket fait partie de la saison sociale (série de rendez-vous mondains en Angleterre de mai à août) et des longues journées d'été », précise-t-il.

Il serait si tentant de se moquer. Quel autre sport que le cricket offre une « pause déjeuner » et une « pause thé » ? Des tenues tout en blanc, identiques pour les deux équipes ? Des spectateurs qui pique-niquent sur l'herbe ? Un sport si lent qu'il est possible de passer une journée entière à observer deux équipes s'affronter et ne pas connaître le résultat final : les matchs internationaux (*test matchs* dans le jargon) durent cinq jours…

Le cricket offre pourtant un résumé formidable des Anglais. Au-delà des clichés et des traditions, il a fortement évolué ces dernières années. Les forces de l'argent ont fait changer ses règles. Comme un symbole de la révolution thatchérienne, un ancien banquier a été choisi pour diriger le MCC, le club qui possède Lord's.

Ce sport est pourtant en déclin chez les Anglais, alors qu'il passionne des milliards d'individus, presque exclusivement dans les anciens pays de l'Empire britannique. La vraie nation du cricket est aujourd'hui l'Inde, pas son pays natal. L'Angleterre, petit pays échoué à l'ouest de l'Europe, continue à réverbérer dans le monde entier, bien au-delà de sa puissance actuelle.

Enfin, dernier symbole : le cricket est un sport de classes sociales. Non pas que seuls les plus riches y jouent, mais parce que chacun a longtemps eu sa place, bien déterminée. Et si les limites sont désormais floues, les racines des classes restent profondément ancrées, comme dans la société anglaise.

Voilà donc les leçons de ce sport dont la batte n'est pas plate, le « carré » central est un rectangle et les balles se lancent par paquets de six, contournant tout système décimal.

LEÇON N° 1 : UN PEUPLE ANCRÉ DANS L'APPARENCE DE TRADITIONS

Contrairement à ce que laisse entendre son nom, Lord's n'a pas été créé par un noble. Un certain Thomas Lord a fondé le terrain il y a deux siècles, et son patronyme y est resté associé. Mais l'endroit se veut la noblesse du cricket et aime le faire sentir aux nouveaux venus. Pour devenir membre du MCC, la liste d'attente est actuellement de vingt-huit ans. Il faut avoir été adoubé par deux autres membres pour avoir le privilège de figurer sur la liste. Ensuite, l'inscription annuelle n'est que de quelques centaines de livres sterling par an.

L'aristocratie du jeu se réunit dans le « pavillon » de Lord's, le bâtiment du XIXe siècle très sélect réservé aux membres, situé à un bout du terrain. On se retrouve entre habitués. Parmi eux se trouve *fat bastard* (« gros con »). C'est le surnom donné à John Fingleton, dans l'une des chansons du *barmy club* (« club des tarés »), un groupe de joyeux drilles qui se déplacent à travers le monde pour aller voir des matchs de cricket. Obèse, barbu, celui-ci arbore un costume rayé orange et jaune vif, les couleurs du club (bien que les joueurs soient en blanc). « J'ai horreur quand c'est ennuyeux et j'ai horreur du gris », rigole-t-il. Dans son dos, quelques membres désapprouvent en silence. « Il n'est pas du tout représentatif », persifle l'un d'eux. Mais l'homme fait partie du paysage. Membre du MCC depuis 46 ans, fils de membre, il incarne le parfait excentrique anglais.

Ce n'est qu'une apparence. De son propre aveu, John Fingleton est un « traditionaliste », qui ne changerait l'ordre établi pour rien au monde. S'il adore la provocation visuelle, il déteste les nouveaux formats du cricket, des matchs qui ne durent qu'une journée, voire même quelques heures. Pour lui, les seules rencontres dignes de ce nom doivent durer cinq jours. À 65 ans, il a pris sa retraite depuis vingt ans, après une carrière très lucrative à la City. Excentrique, sans doute, révolutionnaire, certainement pas.

John Fingleton aime les traditions, et Lord's est pour cela parfait. C'est ici, dans une salle du pavillon, le long de grandes tables de bois disposées en carré, que les très compliquées « lois » du cricket, pour reprendre leur nom officiel, sont conservées. Elles ne changent qu'au compte-gouttes, après de savantes et arcanes discussions. Les premières règles ont été écrites en 1750 et le conseil d'administration du MCC les protège scrupuleusement.

Tout est codifié et ritualisé à Lord's. Les joueurs se changent au premier étage du pavillon, d'où ils ont un balcon pour regarder leurs coéquipiers pendant la partie. Pour se rendre sur le terrain, ils passent dans la grande salle des membres *(the long room)* et traversent les rangées de spectateurs. Tout le monde se lève respectueusement, applaudissant. La même routine se répète, très impressionnante, quand un batteur est éliminé et doit se retirer. Souvent furieux, il doit frôler les spectateurs pour retourner dans les vestiaires.

C'est aussi à Lord's que se jouent les matchs entre Eton et Harrow. Depuis 1805, ces deux écoles privées, très huppées – et hors de prix – s'affrontent dans une rencontre qui entretient la tradition.

Le terrain réserve aussi une surprise, ô combien anglaise : il est en pente. L'extrémité nord-ouest se trouve deux mètres et demi au-dessus de celle du sud-est. Ce n'est pas dans les règles du cricket et cela aurait pu être corrigé depuis très longtemps. Mais l'anomalie était présente il y a deux siècles et il n'est pas question de la changer, après toutes ces années. Les meilleurs professionnels au monde s'affrontent donc sur un terrain de guingois.

Dans le musée situé à l'arrière de Lord's, la mémoire du sport est présentée avec un respect presque religieux. Le plus vieux musée de sport au monde est officiellement un mémorial dédié à la mémoire des cricketeurs morts pendant les deux guerres mondiales. Pas question d'y réaliser des installations trop flamboyantes ou colorées. On y passe en murmurant, presque comme dans une église.

Il s'y trouve notamment ce qui est sans doute le plus petit trophée au monde, mais l'un des plus désirés : l'urne où se trouvent les « cendres du cricket anglais ». Il s'agit d'un minuscule petit vase en terre cuite de onze centimètres de haut, que se disputent l'Angleterre et l'Australie tous les deux ans. La rencontre des « Ashes » (« Cendres ») est d'une importance proche de la Coupe du monde pour le football, ou du Tournoi des Six Nations pour le rugby. Pendant deux mois environ, les deux équipes s'affrontent pendant cinq *test matchs* de cinq jours chacun.

Mais pourquoi cet étrange trophée ? Adam Chadwick, le passionnant et passionné conservateur du musée de Lord's raconte l'histoire avec une ironie tout anglaise. « Ce n'est pas un trophée et cela n'a jamais été conçu comme tel. Tout ça est arrivé par erreur. »

Au commencement est une défaite catastrophique de l'Angleterre face à l'Australie en 1882. Pour la première fois, la nation qui a inventé le cricket se fait battre par le dominion. Un journaliste écrit à l'époque une nécrologie pince-sans-rire : « À la mémoire du cricket anglais, mort à Oval (le nom du terrain de la rencontre, Ndlr) le 29 août 1882. […] Le corps sera incinéré et les cendres emmenées en Australie. » La blague marque les esprits. Quand l'équipe nationale part le mois suivant prendre sa revanche en Australie, tout le monde parle de regagner les cendres du cricket.

Une fois sur place, l'équipe d'Angleterre est invitée à jouer un match de gala la veille de Noël chez Sir William Clarke, un notable local. La maîtresse de maison, Lady Clarke, réputée pour son sens de l'humour, tient à remercier le capitaine, Ivo Blight. Elle fait brûler dans sa cheminée un guichet (la structure en bois que le batteur doit défendre, et que le lanceur cherche à abattre) et met les cendres dans une « urne » (probablement un ancien flacon de parfum, mais personne n'en est sûr). Quelques semaines plus tard, Ivo Blight retourne victorieux en Angleterre, après avoir remporté la partie contre l'Australie. Mais il n'évoque pas le flacon, simple blague d'une veille de Noël. Il le met en souvenir sur sa cheminée, et plus personne n'en parle pendant plusieurs décennies.

À sa mort cependant, il en fait don à Lord's, sans que l'objet n'intéresse grand monde. En revanche, l'expression « the Ashes » reste. « Si bien que dans les années 1990, la demande populaire pour avoir une "urne" à présenter montait », poursuit Adam Chadwick. Ce flacon miniature, présent dans le musée, faisait parfaitement l'affaire. Et voilà comment une tradition est née de nulle part. Mais pour rien au monde, elle ne serait remise en cause.

LEÇON Nº 2 : UN PEUPLE PRAGMATIQUE, DIRIGÉ PAR LES BANQUIERS

Tout cela n'est pourtant qu'apparences. Subtil et distingué, le cricket ? Un drôle de jeu incompréhensible, pour gentlemen en tenue blanche ? La vérité est très éloignée de ce cliché. Derrière le vernis de la respectabilité, le jeu était initialement un affrontement de parieurs et de vauriens. L'une des toutes premières mentions du cricket est celle d'un homme poursuivi en justice au XVIe siècle pour avoir osé jouer un dimanche. Le non-respect du jour du Seigneur, grave entrave dans ce pays protestant, a longtemps mis l'Église d'Angleterre à la tête des opposants au cricket.

Et si les règles ont été définies si tôt, c'est parce que les riches nobles qui montaient les équipes n'avaient qu'un seul objectif en tête : parier les uns contre les autres. Il est bien entendu impossible de jouer de l'argent si le règlement n'a pas été précisément décrit.

Le cricket, comme les autres sports anglais, ne devient respectable qu'au XIXe siècle, quand l'époque victorienne imagine qu'un esprit sain doit se trouver dans un corps sain. L'effort physique devient une vertu. C'est le premier âge d'or du cricket, celui des gentlemen et des *tea breaks,* du *fair-play* et de la beauté du geste. Le second âge d'or arrive après la Seconde Guerre mondiale, quand la Grande-Bretagne est à genoux économiquement et que le pays se retrouve autour de ce sport.

Mais après les années 1960, le cricket connaît un fort déclin. Le jeu s'empoussière. La durée des matchs commence à être vraiment trop longue pour les goûts de la génération soixante-huitarde et le Swinging London. D'autant que les équipes préfèrent ne surtout pas prendre de risques, attendant l'erreur de l'adversaire. Cela donne un jeu très défensif, souvent ennuyeux.

C'est alors que les Anglais prouvent l'un de leurs génies : le pragmatisme. Bien sûr, les traditions sont importantes. Mais pas question de les défendre coûte que coûte si la survie du sport est en jeu. Les matchs d'un seul jour ont été introduits dès 1971. Puis, en 2003, est arrivée l'invention encore plus controversée du « Twenty20 » (prononcer *Twenty Twenty*). Comprendre : chaque équipe dispose de seulement vingt *overs*, c'est-à-dire de vingt lots de six balles. À la fin des lancers, on compte les points, même si tous les batteurs de l'équipe adverse n'ont pas été éliminés. Puis on renverse les rôles, et c'est au tour de l'adversaire de lancer ses vingt *overs*. Le tout est terminé en trois heures environ, un format proche des autres grands sports populaires. Le nombre de balles étant limité, il est nécessaire de prendre des risques pour marquer des points. Le jeu s'en retrouve nettement plus spectaculaire.

Les membres du MCC ne supportent pas d'entendre parler des Twenty20. Le pavillon est quasiment vide les jours où des matchs de ce format se déroulent. Pas assez subtil et stratégique, grommellent les anciens. En revanche, les tribunes sont remplies, les 28 000 sièges affichant presque complet. Cette capacité à se réinventer, sans trop avoir l'air de toucher aux traditions, est une grande force anglaise.

Au prix cependant d'une perte de l'âme d'antan : « Le cricket d'autrefois, qui se jouait au village, et où ce qui comptait le plus était la camaraderie, le soleil d'été et un sens de jeunesse éternelle est passé de mode », se désole Matthew Engel, chroniqueur au *Financial Times* et passionné de cricket. Pour lui, ce sport – qui ne se joue pas l'hiver, puisqu'il dure des heures en extérieur – était d'abord une opportunité sociale, une rencontre de dimanches ensoleillés, l'occasion de retrouver une vie de village d'autrefois, et de descendre quelques pintes de bière paresseusement. Cette tradition a largement disparu.

Pourtant, Matthew Engel le souligne : cela ne signifie pas que le cricket se porte mal. Simplement, il s'est fortement professionnalisé, perdant son flegme d'autrefois. « Ces quatre dernières décennies, la plupart des clubs se sont transformés, d'une façon ou d'une autre : soit ils sont devenus grands, sérieux, avec de nombreuses équipes, pour les juniors, les filles… ; soit ils ont disparu discrètement. »

Pire encore : le fameux *fair-play* semble s'effacer. Au cricket, la tradition est de ne jamais contester la décision de l'arbitre. Celui-ci rend pourtant de très importants jugements, devant estimer par exemple si une balle touchée par les jambes du batteur va ou non faire tomber le portique qui se trouve derrière lui. L'appréciation est très délicate, les balles arrivant très vite, avec des effets rendant leur trajectoire difficile à prédire. Le rôle de l'arbitre est donc essentiel.

Mais ce respect devient progressivement une légende. L'introduction de la vidéo lors des matchs internationaux l'a fait tomber de son piédestal. Même dans les rencontres amateurs, l'esprit de compétition s'infiltre progressivement. « Tout semble indiquer que le cricket devient agressif, violent, disputé, méchant et pas très amusant, regrette Matthew Engel. Ce n'est pas par hasard : c'est largement ce que souhaitaient les instances du cricket. »

Cette capacité d'adaptation se fait très largement sur l'autel de l'argent. Derek Brewer incarne le nouveau mercantilisme de ce sport. Le directeur général du MCC est un homme de 56 ans, très élégant, qui possède cette capacité tout anglaise d'être à la fois extrêmement sympathique et absolument glacial.

Pas un mot de travers, une politesse absolue, et une façon très subtile de faire comprendre que, vraiment, on lui fait perdre son temps.

Voilà seulement cinq minutes qu'il nous reçoit, et Derek Brewer confie déjà qu'il a longtemps été banquier. Et pas n'importe quelle sorte : banquier d'affaires. Il y a de la fierté dans la voix, et une tentative de prouver qu'il est sérieux. Ce passionné de cricket porte en lui une conviction : « Ce sport doit être géré comme un business. » Pour lui, Lord's, c'est d'abord un chiffre d'affaires annuel de plus de 50 millions d'euros, qu'il convient de développer.

L'homme se veut un modernisateur. Après ses années passées dans l'industrie financière, il a rejoint le club de Nottinghamshire en 2005. « Je voulais voir si je pouvais appliquer les leçons apprises dans la banque à ce sport qui me passionne. » Il est donc question de sponsors, de maximisation de l'utilisation des tribunes, de droits télévisés…

À Lord's, Derek Brewer porte un grand projet de rénovation et d'agrandissement. Il compte refaire deux des tribunes dans les années à venir, et espère aussi construire des appartements à l'arrière du stade, sur les terrains actuellement occupés par la *nursery*, qui sert de lieu d'échauffement aux joueurs.

Dans ce quartier presque au centre de Londres, le prix du mètre carré est tel que le projet fait saliver l'ancien banquier. Mais il est extrêmement controversé. Son prédécesseur, qui avait lancé l'idée, a été forcé à la démission. John Major, ancien Premier ministre et passionné de cricket, qui soutenait le projet, a également démissionné de son siège au conseil d'administration du MCC, juste deux jours avant l'arrivée à son poste de Derek Brewer. Aujourd'hui, ce dernier a revu à la baisse la « vision » initiale, qui frôlait la folie des grandeurs. Mais les appartements devraient voir le jour. Malgré les réticences, Lord's va être « modernisé ». On ne fait pas face longtemps à la logique de l'argent…

LEÇON N° 3 : UN EMPIRE ENCORE INFLUENT

Sur le bord du terrain, Shiyers Busane et sa famille s'ennuient fermement. Cet Indien, accompagné d'un couple d'amis avec leur bébé, est à Londres pour quelques mois. « Il fallait absolument qu'on vienne à Lord's, un endroit mythique, le berceau du cricket. » Mais il ne cache pas sa déception. « L'ambiance est bien terne. En Inde, chaque match est comme une Coupe du monde. On chante, on danse, on crie, il y a de la musique… » En comparaison, le pique-nique sur l'herbe de Lord's ne fait pas le poids.

Voilà bien longtemps que l'Angleterre n'est plus la nation du cricket. Dans les parcs de Londres ou les campagnes vertes anglaises, les enfants jouent au football, pas au cricket. À part les *test matchs*, la foule n'est plus au rendez-vous. Pour les rencontres des *counties*, le premier niveau professionnel, il y a rarement plus de quelques centaines de spectateurs.

Les statistiques le prouvent. Le nombre de clubs inscrits au Village Cup (la compétition entre « villages ») est passé de 800 à 300 en cinq décennies. Le Club Cricket Conference, qui rassemble les clubs amateurs de Londres et ses environs, est passé de 2 000 à 900.

En Inde en revanche, la passion est brûlante. Dans toutes les arrière-rues du sous-continent, les gamins bricolent du cricket avec un bout de bois et une balle en mousse. L'atmosphère est encore montée d'un cran en 2008 quand la « Premier League » a été inventée. Équivalent d'une première division de football, elle oppose des équipes qui s'affrontent lors de matchs de Twenty20. Dans les stades, pom-pom girls, néons clignotants et écrans géants assurent le spectacle. Les équipes portent des tenues de couleur différente. Sacrilège : on joue de nuit, à la lumière artificielle. Il faut donc changer la couleur de la balle, traditionnellement bordeaux, pour utiliser du blanc. On est à des années-lumière du sport de gentlemen. Une boisson gazeuse américaine a décidé de sponsoriser ce phénomène en 2013, versant 72 millions de dollars.

Dans ces circonstances, Shiyers Busane, 27 ans, a du mal à comprendre que les Anglais en soient encore à privilégier le cricket de grand-papa. « Il n'y a pas grand monde qui a le temps de regarder les *test matchs*. Le Twenty20 est spectaculaire et rapide. Je ne peux pas m'asseoir et simplement applaudir poliment. J'ai l'impression d'être à l'école. »

La passion pour le cricket suit l'ancien Empire britannique. Alors que le sport n'a jamais vraiment percé dans le reste de l'Europe, les colonies d'autrefois ont souvent été touchées par le virus. Afrique du Sud, Inde, Pakistan, Sri Lanka, Australie, Nouvelle-Zélande…, tous ces pays adorent un jeu qui incarne aux yeux du reste du monde la quintessence de l'Angleterre. Si toutes ces nations ont acquis leur indépendance il y a bien longtemps, l'influence culturelle anglaise demeure.

LEÇON N° 4 : UNE NATION DE CLASSES SOCIALES

Jusque dans les années 1960, amateurs et professionnels ne partageaient pas les mêmes vestiaires à Lord's. Pas question de mélanger la noblesse du sport – qui n'avait pas besoin de gagner d'argent – avec les masses laborieuses, aussi talentueuses soient-elles.

L'anecdote n'est pas bénigne. Comme dans la société anglaise, chacun connaît sa place au cricket. Aux origines de ce sport, les nobles qui dirigeaient les équipes recrutaient les types les plus rapides et les plus habiles du coin pour renforcer leur sélection. Mais dans leur immense majorité, ceux-ci étaient des lanceurs. Les aristocrates conservaient le rôle de batteur. « Rester debout sans courir dans tous les sens convenait parfaitement à un gentleman », s'amuse Adam Chadwick, le conservateur du musée de Lord's. Le vocabulaire est d'ailleurs resté : un amateur est un « gentleman », tandis qu'un professionnel est un « joueur » *(player)*, à prononcer avec autant de dédain que possible. Jusqu'en 1962, « gentlemen contre joueurs » constituait une rencontre annuelle… généralement remportée haut la main par les seconds.

L'argent dans ce sport a longtemps été considéré avec suspicion. W.G. Grace, un joueur extrêmement talentueux, qui a dominé le cricket à la fin du XIXe siècle, a d'ailleurs provoqué le scandale en acceptant des contrats payés. Docteur de profession, et donc officiellement amateur, ce grand barbu mythique, qui a joué au plus haut niveau pendant quarante-quatre ans – une durée incroyable –, percevait des salaires en tant que « secrétaire » de clubs de cricket, et il a même été payé pour apparaître dans des publicités. « Les aristocrates regardaient W.G. de haut », explique Adam Chadwick.

La destruction de nombreuses fortunes pendant la Seconde Guerre mondiale et l'effondrement de l'Empire britannique mirent fin à cette logique. Mais ce n'est qu'en 1962 que les statuts d'amateur et de professionnel furent officiellement abolis, et peu après que les deux genres obtinrent le droit de se changer dans les mêmes vestiaires à Lord's.

Aujourd'hui, tout cela s'est largement perdu. Les tenues blanches et les règles ancestrales peuvent laisser penser que le cricket est un sport qui n'est joué que par la population huppée. C'est très largement faux. Mais il suffit parfois de gratter un peu pour retrouver cette découpe sociale. En 2005, quand l'Angleterre a remporté une impressionnante victoire lors des « Ashes » face à l'Australie, jugée à l'époque imbattable, les quatre lanceurs qui ont mené à la victoire venaient de milieux pauvres, tandis que le capitaine Michael Vaughan « symbolisait dans son comportement quelque chose de l'officier militaire, qui a toujours été tant apprécié par l'élite du cricket anglais », écrit Colin Shindler, auteur de nombreux livres sur ce sport.

Pire encore, le cricket redevient depuis quelques années élitiste. Il est très peu joué dans les écoles publiques. Margaret Thatcher avait encouragé les établissements à vendre leurs terrains de sport, et la plupart n'ont plus les équipements nécessaires. Seuls les enfants des écoles privées – qui ne représentent que 7 % de la population – pratiquent encore régulièrement le cricket. En 1987, l'équipe d'Angleterre comptait un seul joueur éduqué dans le privé. En 2013, ils représentaient les trois quarts. Le cricket redevient progressivement un sport de « gentlemen ». Chassez le naturel… ■

UNE JOURNÉE EN « ANGLITUDE »

Un peu partout autour de la salle, des petites croix de saint George, les couleurs de l'Angleterre, ont été placardées. À la cantine de cette université du sud de Londres, on sert ce jour-là des fish&chips, avec purée de petits pois, comme il se doit. Dans les stands se vendent des livres vantant de « se battre pour l'image de l'Angleterre » ou des pamphlets « mettant l'Angleterre d'abord ». Le titre de la conférence qui justifie ce déploiement de symboles nationalistes ne laisse guère de doute à l'imagination : *England, my England.*

Il ne s'agit pas d'un rassemblement d'extrême-droite, ni même d'un soudain élan de patriotisme anglais. La réunion est organisée par le très intellectuel Institute for Public Policy Research (IPPR). Ce *think tank* de gauche s'attaque à une question lancinante, qui monte depuis quelques années : qu'est-ce qu'être anglais ? Pas britannique, mais anglais ?

Il règne dans la salle un certain malaise. David Edgar, grand auteur de théâtre contemporain, avoue se sentir « nauséeux » à la vue de tous ces drapeaux. « Je ne suis vraiment pas à l'aise », ajoute Suzanne Moore, une éditorialiste de journaux de gauche. Tous s'empressent d'insister : être anglais, c'est être tolérant, ouvert aux étrangers.

À leurs yeux, la croix de saint George est un symbole dangereux. La croix rouge sur fond blanc n'est jamais utilisée pour les grandes fêtes nationales, puisque le drapeau national – britannique – est le fameux Union Jack, connu dans le monde entier. Les groupuscules d'extrême-droite s'en sont donc emparés. L'English Defense League, une faction islamophobe, l'utilise couramment lors de ses défilés coup de poing. « Il n'y a pas de noir dans la croix de saint George » est un vieux slogan raciste. Certes, l'emblème est utilisé lors des matchs de football, de rugby ou de cricket, quand l'équipe d'Angleterre joue, mais son maniement demeure très délicat ; le hooliganisme n'est jamais bien loin. La seule tradition « respectable » où ce drapeau est affiché est au sommet des églises, une pratique qui n'a curieusement jamais disparu.

Si l'IPPR ose ainsi s'aventurer en terrain glissant, c'est que la question identitaire se pose de plus en plus. Pendant des siècles, « Anglais » et « Britanniques » servaient souvent de mots synonymes. Cela enrageait les Écossais et les Gallois, qui n'ont jamais oublié la différence. Mais après tout, l'Angleterre dominait tellement le Royaume-Uni (elle représente aujourd'hui 84 % de la population britannique) que la confusion avait une certaine logique.

Du temps de la splendeur de l'Empire, il ne serait jamais venu à l'idée des Anglais d'essayer de se définir. Ils n'en avaient pas besoin. L'Angleterre était la première puissance mondiale. Le soleil ne se couchait jamais sur ses terres, pour reprendre la phrase de 1773 du 1er Earl Macartney, un administrateur colonial. Elle possédait la première marine de guerre. Le mythe du « gentleman anglais » trouve son origine dans cette période : arrogant, sûr de lui, mais aussi poli, *fair-play*… Cela tombait sous le sens, et ses qualités allaient sans dire.

Seulement voilà, l'Empire a disparu voilà bien longtemps. Le Royaume-Uni est devenu une puissance régionale moyenne, avec la 2e économie européenne (derrière l'Allemagne et à égalité avec la France) et la 22e population mondiale. Après cette rétrogression, l'unité même du Royaume-Uni est en cause. L'Écosse et le pays de Galles, sans même parler du cas compliqué de l'Irlande du Nord, s'éloignent progressivement de l'Angleterre. Ces deux « nations » (le mot est accepté de tous, même s'ils ne désignent pas des pays indépendants) connaissent depuis 1998 un processus de « dévolution », un mécanisme constitutionnel qui va plus loin que la « décentralisation » à la française, mais n'atteint pas l'indépendance complète. Elles ont chacune leur Parlement, qui a des pouvoirs plus ou moins importants sur les questions d'éducation, de santé, de culture… Une loi de 2012 va donner à l'Écosse des pouvoirs de taxation, qui seront appliqués à partir de 2015 ou 2016. Les velléités d'indépendance refont régulièrement surface, et les langues locales se maintiennent, avec le soutien actif de Cardiff et d'Édimbourg.

Le référendum sur l'indépendance de l'Écosse, en septembre 2014, a encore accentué la tendance. Les cinq millions d'Écossais ont flirté très sérieusement avec l'idée de divorcer de l'Angleterre. Finalement, les arguments économiques ont prévalu et ils ont décidé de demeurer au sein du Royaume-Uni. Mais en échange de leur « loyauté », ils doivent en principe recevoir des pouvoirs supplémentaires, notamment fiscaux. Les forces centrifuges sont désormais puissantes.

La situation devient par certains aspects ubuesque. Les députés écossais, qui siègent à Westminster, votent certaines lois… qui ne s'appliquent qu'en Angleterre et au pays de Galles, qui ne concernent donc pas leurs électeurs. C'est à cause des députés écossais travaillistes, dont les voix ont été déterminantes sur le sujet, que des frais d'inscription ont été introduits dans les universités anglaises en 2004, tandis que les campus écossais demeuraient gratuits.

Ce paradoxe porte un nom : « la question West Lothian », tirée du nom de la circonscription écossaise du député Tam Dalyell qui l'a soulevée en 1977, alors que la création de Parlements de dévolution était déjà envisagée. Face aux nationalismes régionaux, une partie des Anglais se sentent sous-représentés.

Dans le même temps, l'afflux d'immigration à partir de la fin des années 1990 a provoqué un repli identitaire. Près de trois millions d'immigrés se sont installés en quinze ans au Royaume-Uni, l'immense majorité en Angleterre. À Londres, désormais, moins de la moitié de la population (45 %) est « blanche britannique », créant un certain malaise.

Voilà donc les Anglais interrogatifs : la première puissance mondiale n'est plus, leur domination des îles Britanniques est progressivement remise en cause, et le mélange ethnique du pays change rapidement.

Politiquement, cette anxiété n'a pas provoqué de dérive extrémiste. Le British National Party, d'extrême droite, est quasiment inexistant. Le parti English Democrats, qui milite pour la création d'un Parlement anglais, n'a jamais séduit les foules. Seul le parti anti-européen, UKIP (United Kingdom Independence Party) a trouvé un vrai écho. Son leader, Nigel Farage, qui est très dur contre l'immigration mais ne franchit pas la ligne rouge du racisme, aime à se montrer dans les pubs à boire des *bitters* – la bière brune tiède – jouant sur les valeurs traditionnelles anglaises. Il ne séduit d'ailleurs pas du tout en Écosse et au pays de Galles. Mais le nom de son groupe politique est « United Kingdom, pas « England ». Bref, les Anglais, qui dominent très largement le Royaume-Uni, n'ont pas vraiment d'expression politique…

En ce samedi après-midi d'un automne pluvieux, les conférenciers de l'IPPR se retrouvent donc bien embarrassés pour définir « l'anglitude », pour paraphraser Ségolène Royale. « C'est vrai, notre identité est embrouillée, mais ça nous va très bien comme ça, avance John Redwood, un député conservateur. Contrairement aux Écossais ou aux Gallois, nous n'avons pas besoin de la proclamer. Et les drapeaux, franchement, ça ne me soucie guère. On n'a pas besoin de les brandir. »

Voilà qui est typiquement anglais : une définition tout en creux, refusant d'être précis. Le peuple anglais n'a donc pas de parti politique qui lui est propre, rejette les étiquettes et refuse de se définir.

Si on les pousse vraiment, les panélistes lancent bien quelques pistes : à les écouter, les valeurs anglaises seraient l'humour et le sens de l'autodérision, la tolérance, la politesse, le *fair-play*, mais aussi le « quant-à-soi », la réserve… Rien ne prouve que ces caractéristiques soient vraiment celles de ce peuple. Celles-ci fleurent même bon le cliché. Mais voilà comment, instinctivement, les Anglais s'autodéfinissent.

Linda Grant, auteur née à Liverpool, révèle une magnifique anecdote pour résumer ce que veut dire être anglais. « Quand j'enseignais la littérature, j'avais une étudiante japonaise avec laquelle je m'entendais très bien. À chaque fois qu'on travaillait ensemble, je lui demandais si elle voulait du thé. Elle me répondait poliment oui, mais elle n'y touchait jamais. Je m'en rendais compte, mais je ne disais rien et je faisais le thé. Chaque semaine, la situation se reproduisait. Au bout d'un moment, on a fini par rigoler de cette situation, et elle m'a avoué qu'elle n'aimait pas le thé ! Sa politesse et sa retenue japonaises convenaient parfaitement à ma culture anglaise, qui consiste à ne surtout pas offenser et à rester toujours poli, tout en ayant parfaitement compris la situation… » Sa bonne éducation la contraignait à ne pas dire qu'elle avait vu que l'étudiante n'aimait pas le thé ; mais son embarras la poussait quand même à lui proposer la même boisson à chaque fois, ne sachant comment remplir le silence gêné du début de chaque rencontre.

Désormais à la retraite, Vanessa Whitburn a dirigé pendant deux décennies, jusqu'en 2012, une vénérable institution anglaise qui donne aussi une bonne indication du caractère national : elle était responsable du feuilleton radiophonique *The Archers*. Ce soap opera est diffusé quotidiennement à la radio depuis… 1950. Plus de 17 000 épisodes au total, ce qui en fait la plus vieille série au monde. Pendant douze minutes chaque jour de la semaine, les auditeurs sont transportés dans un village champêtre anglais fictif, Ambridge, situé au centre de l'Angleterre. Il y règne une vie comme il n'en existe plus : tout le monde se connaît à Ambridge, l'agriculture y demeure l'activité dominante et le pub est au centre de la vie collective. Et pourtant, le succès ne se dément pas : pas loin de cinq millions d'auditeurs par semaine. Les Anglais se déchirent autour de cette série, entre les inconditionnels et ceux qui la détestent. Des fan-clubs de passionnés échangent les derniers ragots de l'histoire sur des forums Internet et discutent de son évolution. Beaucoup écoutent régulièrement depuis plusieurs décennies, avec un âge moyen de l'auditeur de 56 ans, à majorité des femmes. Un moine catholique a même arrangé l'heure de ses messes pour pouvoir écouter sa série préférée !

« Ce sont avant tout des urbains, qui ont un désir pour ce genre de vie, avec sa simplicité et son sens de la communauté », explique Vanessa Whitburn. Bien sûr, pour ne pas tomber dans la nostalgie guimauve, elle a modernisé progressivement *The Archers*. Il y est désormais question de racisme, de divorce, de crise financière. L'écriture est habile et le jeu d'acteurs travaillé. Le scénario colle également à l'actualité : s'il y a des inondations en Angleterre, Ambridge est touché à son tour dans les jours qui suivent. Pourtant, ce village imaginaire renvoie à une Angleterre qui existe si peu…

Bridget Escolme, professeur d'art dramatique à l'université Queen Mary, est venue à la conférence de l'IPPR en simple spectatrice. Elle a grandi dans le Surrey, une campagne cossue du sud-est de l'Angleterre. Quand on lui demande de se définir, elle lance les mêmes pistes que les autres : « Être anglais, c'est avoir une tolérance calme, de l'humour, une certaine distance vis-à-vis de soi-même pour ne pas se prendre trop au sérieux. » Mais elle ajoute immédiatement : « Il ne faut pas confondre cela avec un manque d'assurance. Il faut au contraire être très sûr de soi pour pouvoir pratiquer l'autodérision. »

Elle en a fait l'expérience aux États-Unis, où elle a vécu quelques années. « Je passais mon temps à dire : "Je suis un peu nulle dans tel ou tel domaine." Et les gens réagissaient complètement au premier degré : "Vraiment ? Qu'est-ce qu'on peut faire pour toi ?" Je me retrouvais bloquée, parce que j'étais obligée de dire qu'en fait je ne croyais pas vraiment ce que je venais de dire. »

Voilà l'une des vraies clés des Anglais. Leur autodérision n'a rien à voir avec de la modestie. Il s'agit d'une attitude. Il est malpoli de se vanter. Faire passer un message en sous-entendus, avec humour, est aussi naturel que l'utilisation de grands gestes des mains des Italiens. Le mot *sorry* est l'un des plus employés de tous. Cela ne veut pas dire qu'ils sont désolés ; c'est une méthode pour faire passer un message.

La conférence de l'IPPR était en cela remarquable. Les participants ont passé leur temps à prendre leurs distances vis-à-vis des Anglais. La journée ressemblait à un « festival d'autodérision », pour reprendre la phrase de Bridget Escolme, où le vainqueur était celui qui manierait le mieux la distanciation, avec humour. En faisant cela, les panélistes ont tous été très anglais. Refuser de se définir et de se vanter est un trait typiquement anglais, qu'il ne faut pas confondre avec de la modestie ou un manque d'assurance… ■

EUROPE : LE GRAND DIVORCE ?

Au printemps 1983, Tony Blair mène campagne pour la première fois dans la circonscription de Sedgefield, dans le nord de l'Angleterre. Le jeune avocat commence à se faire remarquer au sein du parti travailliste, et il a obtenu d'être candidat dans cette région minière, fidèle au Labour depuis toujours. En faisant du porte à porte, le futur Premier ministre utilise son remarquable charisme pour s'en prendre à Margaret Thatcher, détestée dans ce territoire, mais aussi pour faire valoir l'une des politiques officielles du Labour : sortir le Royaume-Uni de la Communauté économique européenne (CEE).

« À sa grande surprise, il s'est rendu compte que l'anti-européanisme ne fonctionnait pas vraiment auprès de son électorat, raconte Stephen Wall, qui est devenu bien plus tard son conseiller officiel sur les questions européennes. Il en a tiré une conclusion : les Britanniques aiment critiquer l'Europe, mais préfèrent en faire partie. »

L'anecdote résume bien toute la complexité de la relation que les Britanniques entretiennent avec l'Union européenne. Elle vient rappeler que le parti travailliste a longtemps été le fer de lance anti-européen. L'Europe était alors considérée comme symbolisant le libre-échange et la concurrence promus par Margaret Thatcher, le cheval de Troie de la droite…

Il faudra attendre les années 1990 pour que l'idée se retourne : dans l'imaginaire collectif, l'UE devient le cheval de Troie du socialisme et de la centralisation bureaucratique. Les opposants à l'Europe se trouvent aujourd'hui majoritairement chez les conservateurs. Bref, suivant les moments de l'histoire, les raisons changent, mais fondamentalement, la conclusion reste la même : les Britanniques n'aiment guère l'Europe.

Un pied dedans, un pied dehors… Cette tension permanente entre la culture européenne, dont ils font partie, et l'agacement face à la construction politique bruxelloise, résume bien le paradoxe britannique. Une position « assise sur la barrière », pour reprendre l'expression anglaise, toujours hésitante, qui demeure depuis l'accession du pays à la CEE en 1973…

Mais depuis quelques années, les relations avec l'UE sont entrées dans une nouvelle phase, très dégradée. Le Royaume-Uni envisage désormais très sérieusement de claquer la porte de l'Union européenne. Le Premier ministre, David Cameron, a promis un référendum en 2017 pour rester ou sortir de l'UE, à condition qu'il soit réélu en mai 2015. Son opposant, Ed Miliband, ne veut pas entendre parler d'un tel scrutin populaire pour l'instant, mais il a lui aussi promis un référendum en cas de nouveau traité européen. Ce dernier arrivera tôt ou tard, et il semble inéluctable qu'un référendum finisse par avoir lieu au Royaume-Uni. La seule vraie incertitude est sa date, pas sa tenue.

Or, comme les Français l'ont découvert en 2005 avec la constitution européenne, le résultat d'un tel scrutin est imprévisible. Actuellement, les sondages indiquent que la moitié des Britanniques veut rester dans l'Union européenne, et l'autre moitié veut en sortir (en excluant une large part d'indécis). Mais les pro-européens sont presque invisibles. Ils ne s'expriment pas et n'osent pas monter au créneau. Les travaillistes, aujourd'hui dans l'ensemble en faveur de l'UE, préfèrent se taire, laissant leurs opposants s'entre-déchirer sur la question. S'ils gagnent ainsi quelques points de court terme, ils risquent de laisser la machine anti-Bruxelloise s'emballer. Londres se retrouve ainsi dans une situation paradoxale : aucun des grands partis de gouvernement ne souhaite officiellement quitter l'UE, mais il est désormais tout à fait plausible que leur politique aboutisse exactement à cela.

Comment en est-on arrivé là ? La première chose à dire est qu'il s'agit avant tout d'un phénomène anglais, pas britannique. Le parti anti-européen UKIP (United Kingdom Independence Party), qui emporte tout sur son passage depuis 2013, ne rencontre le succès vraiment qu'en Angleterre. Aux élections européennes de mai 2014, il a terminé en tête du scrutin avec 27,5 % des voix à travers le pays. Mais en Écosse, il n'a obtenu que 10 %. En Irlande du Nord, il était inexistant. Seul le Pays de Galles a succombé à la vague anti-européenne, avec également 27,5 % des voix pour le UKIP.

« C'est un problème anglais, estime Jacqueline Minor, ambassadrice de l'Union Européenne au Royaume-Uni. Les Écossais et les Gallois ont une identité claire, avec une dynamique de plus en plus forte. Les Anglais en revanche n'en ont pas. » Le rejet de Bruxelles est une façon d'exprimer ce manque.

Stephen Haseler, fervent pro-européen et président du Global Policy Institute, un *think-tank*, confirme. « Les Anglais traversent une crise identitaire. Le problème est que nous ne nous sommes jamais remis de la chute de l'Empire. Nous nous sentons encore supérieurs aux autres, avec une vision de nous-mêmes complètement surdimensionnée. Tant que nous ne comprendrons pas que nous ne sommes ni plus ni moins importants que la France ou l'Allemagne, nous continuerons à avoir un problème avec l'Europe. »

L'Angleterre porte en elle mille ans d'histoire fièrement indépendante, repliée sur son île. Les continentaux étaient au mieux des alliés, au pire des ennemis. Stephen Wall, qui est aussi l'auteur de deux livres sur les relations du Royaume-Uni et de l'UE (*A Stranger in Europe : Britain and the EU from Thatcher to Blair*, de Stephen Wall, éditions Oxford University Press, 2008 ; *The Official History of Britain and the European Community, Volume II : From Rejection to Referendum, 1963-1975*, éditions Routledge, 2012), va dans le même sens. « Longtemps, l'Angleterre s'est battue contre les Français, contre les Espagnols… Pendant des siècles, la base centrale de notre diplomatie a consisté à éviter que des alliances ne se forment entre les pays européens. Et voilà que soudain, le traité de Rome arrive ! », explique-t-il dans un français impeccable.

Au XIXe siècle, le Royaume-Uni était effectivement opposé à l'idée de signer le moindre traité. Cette politique avait un nom, qui résonne encore aujourd'hui : « la splendide isolation ». Lord Palmerston, Premier ministre au milieu du XIXe siècle, en a laissé une phrase qui pourrait presque s'appliquer aujourd'hui : « Nous n'avons pas d'alliés perpétuels et nous n'avons pas d'ennemis perpétuels. Nos intérêts sont éternels et perpétuels, et il est de notre devoir de les suivre. »

La Seconde Guerre mondiale explique aussi largement l'euroscepticisme britannique. Sur le « continent », l'idéal européen de Schuman naît des décombres de la tuerie. Mais outre-Manche, le Royaume-Uni sort vainqueur, ayant résisté aux coups de butoir des Nazis. « Nous n'avons pas été envahis depuis extrêmement longtemps. Nous n'avons jamais eu à faire de compromis », note Nigel Sheinwald, un ancien diplomate, qui a succédé à Stephen Wall au poste d'ambassadeur à Bruxelles. S'en suit une conséquence politique logique : l'extrême longévité des institutions britanniques. Le Parlement demeure un symbole intouché, pratiquement inchangé depuis le XVIIe siècle, qu'il n'est pas question de remettre en question. Ne serait-ce qu'écorner sa souveraineté est inacceptable pour une large partie de l'opinion. « Nos politiciens n'ont pas l'habitude de tendre la main vers l'extérieur. Ils sont à Westminster dans une bulle un peu coupée du monde », analyse Nigel Sheinwald. David Lidington, le ministre britannique des Affaires européennes, complète. « Nos institutions ont résisté à la Seconde Guerre mondiale, alors que celles du reste de l'Europe s'effondraient. L'histoire nous a donné raison. »

Sur ces difficultés historiques est alors arrivée la gifle du général de Gaulle. À deux reprises, en 1963 et 1967, le président français refuse que le Royaume-Uni ne rejoigne ce qui est alors la Communauté économique européenne. « J'avais 16 ans à l'époque, raconte Stephen Wall. Ça a été vécu comme une humiliation. On se considérait comme les sauveurs de la France, et de Gaulle se permettait de nous rejeter de façon hautaine. »

Du coup, pas question pour les Britanniques d'aimer l'Europe. Il ne s'agit que d'un mariage de raison. L'adhésion européenne en 1973, suivie d'un référendum l'approuvant à 67 % en 1975, représente un calcul purement pragmatique. Il n'est guère question d'identité européenne, mais plutôt d'intérêts bien compris. Pour les Britanniques, faire partie du projet européen doit « rapporter ». Sinon, autant rester isolé…

Margaret Thatcher, que les discours de l'époque feraient désormais passer pour une farouche pro-européenne, se place clairement dans cette veine pragmatique. « I want my money back », sa fameuse phrase pour obtenir le rabais britannique, est un calcul financier pur et dur.

Résultat, la population anglaise se divise en deux camps : ceux qui pensent que l'Union européenne est un mal nécessaire, et ceux qui ne supportent pas cette partielle perte de souveraineté. Les rêveurs qui croient en un grand projet politique sont marginaux. « Je me rappelle d'un très bon discours de Nicolas Sarkozy à Davos sur l'importance de l'Europe. C'est le genre de rhétorique qui laisse complètement froid en Grande-Bretagne. Ici, les seuls arguments qui portent sont économiques », témoigne Roland Rudd, président de Business for New Europe, un rassemblement d'entreprises britanniques qui prônent des réformes de l'UE, tout en y restant.

Sur cette base très fragile, la crise économique de la zone euro a fait basculer une partie de l'opinion. La monnaie unique a toujours été considérée outre-Manche comme une erreur. Si l'ancien Premier ministre Tony Blair a flirté avec l'idée de la rejoindre, son chancelier de l'Échiquier, Gordon Brown, s'y était fortement opposé.

Dix ans plus tard, voir les « continentaux » se traîner de sommet de la dernière chance en réunion de crise est du pain béni pour les anti-européens. Pour eux, c'est la preuve que l'Union européenne est un boulet, qui non seulement n'aide pas le Royaume-Uni, mais l'enfonce. « Quand nous avons rejoint le marché commun, nous considérions la Grande-Bretagne comme un pays en déclin. C'était un sauvetage, en quelque sorte. Aujourd'hui, c'est le contraire : l'impression est que l'Europe nous freine », explique Robert Tombs, historien à l'université de Cambridge.

Dans ce contexte, Nigel Farage, le leader du UKIP, joue sur du velours. Populiste, quitte à flirter parfois avec la xénophobie, il a fait de la sortie de l'Union européenne le combat de sa vie. Longtemps, ce député européen a prêché dans le désert. Il réussissait une percée une fois tous les cinq ans à chaque élection européenne avant de disparaître du paysage politique.

Le tournant est arrivé en 2010 quand il a cyniquement choisi de faire de l'immigration son cheval de bataille. Il faut dire que le Royaume-Uni a connu une vague d'immigration sans précédent. En 2004, le pays a ouvert ses frontières aux travailleurs des nouveaux membres de l'Union européenne, Pologne en tête, tandis que le reste de l'UE gardait des frontières fermées temporairement. Personne n'avait prévu la conséquence : plus d'un million d'Européens de l'Est sont venus travailler outre-Manche.

Dans l'ensemble, cette vague migratoire s'est très bien passée. Mais avec la crise économique, les tensions ont commencé à percer. Et Nigel Farage a saisi cette occasion unique de mêler immigration et Europe. « Plus d'immigrés sont arrivés depuis 2010 qu'en 1850 et 1950 », assène-t-il. Sa solution : sortir de l'Union européenne pour retrouver le contrôle des frontières.

Son vrai succès est ailleurs cependant. Nigel Farage incarne à la perfection une certaine idée de l'Angleterre : homme, blanc, la cinquantaine, toujours en costume-cravate, écumant les pubs et descendant les pintes de bières les unes à la suite des autres – des *bitter* traditionnelles, pas de blondes. Il grille cigarette sur cigarette, et plaide pour un franc-parler plein d'apparent « bon sens », avec un humour ravageur qui met les rieurs de son côté. « Il rêve d'une Angleterre en noir et blanc des années 1950 », attaque Patrick Dunleavy, politologue à la London School of Economics.

Tout cela est bien paradoxal. Nigel Farage a réussi à faire de l'UE un repoussoir, responsable de tous les maux. Selon lui, il y a trop d'immigration mais il veut ouvrir les frontières plus grand aux membres du Commonwealth. Il est pour le libre-échange mais envisage de quitter le marché unique. Il se positionne contre les élites mais est un ancien courtier en matières premières et député européen depuis seize ans. Il est viscéralement anti-européen mais est marié à une Allemande – ses enfants sont bilingues – et il a travaillé à Londres pour deux institutions financières françaises : le Crédit Lyonnais et Natexis.

Bref, l'Europe sert de défouloir, responsable de tous les maux. Ce qui fait dire à Dominic Raab, un député conservateur très eurosceptique : « Si nous sortons de l'Union européenne, qui allons-nous pouvoir blâmer pour nos problèmes ? » ■

L'ANGLETERRE, SI PETITE, SI INFLUENTE

En 1905, l'auteur Henrietta Elizabeth Marshall publiait *Our Island Story* (« L'Histoire de notre île »). L'ouvrage est une version pour enfants de l'histoire britannique. Mais il s'agit surtout d'un formidable outil de propagande, racontant la destinée d'un peuple forcément exceptionnel.

La Grande-Bretagne domine alors le monde. L'Empire britannique est à son apogée. Il couvre le quart de la surface terrestre et comprend 450 millions de personnes. La reine Victoria, « impératrice des Indes », est décédée quatre ans plus tôt.

Le livre commence par une fable, un monument de nationalisme naïf, qui explique l'origine de la Grande-Bretagne. Neptune, dieu de la mer, avait quatre enfants. Son dernier fils, Albion, était son préféré. Au moment de lui attribuer une terre, aucune île ne semblait suffisamment belle. Jusqu'au jour où une sirène, particulièrement ravissante (« ses yeux étaient heureux et honnêtes, car ils étaient aussi bleus que le ciel et la mer »), lui offre le territoire d'où elle vient. Intrigué, Neptune va voir sur place. « Quand il a vu la petite île devant lui, comme une magnifique pierre précieuse dans l'eau bleue, comme l'avait dit la sirène, il a crié de joie.: "C'est l'île que j'aime. Albion la dirigera et elle lui donnera son nom." »

Le livre a connu un succès phénoménal. Il a été réimprimé jusque dans les années 1950, influençant des générations de petits Anglais. Pour son centenaire, les lecteurs du *Daily Telegraph*, le grand quotidien de la droite conservatrice, ont aidé à financer une réédition. Et quand la Royal Shakespeare Company a demandé en 2010 à David Cameron, le Premier ministre britannique, de choisir le livre qu'il préférait quand il était enfant, il a sélectionné celui-là. « Il est écrit dans un style qui a vraiment capturé mon imagination et qui a renforcé mon intérêt pour l'histoire de notre grande nation. »

La Grande-Bretagne, une nation choisie par les dieux ? Une île spéciale, habitée par un peuple élu ? Voilà qui expliquerait peut-être l'arrogance si souvent reprochée aux Britanniques par les visiteurs étrangers… Cassons immédiatement le mythe : aujourd'hui, l'idée les fait rire (sauf David Cameron, donc…). Ceux-ci, adeptes de l'autodérision, évoquent fréquemment leur « petite île » qui « boxe dans une catégorie au-dessus de son poids », pour reprendre une expression anglaise *(« boxing above its weight »).* Le déclin relatif depuis la fin de l'Empire a été parfaitement intégré dans la conscience nationale.

Et pourtant, il convient de s'arrêter sur cette vision d'île spéciale, qui continue d'imprégner l'imaginaire collectif. Commençons par un éclaircissement. Dans ce chapitre, nous utilisons Anglais et Britannique comme synonymes. C'est bien entendu faux. Le pays s'appelle officiellement le « Royaume-Uni de Grande-Bretagne et d'Irlande du Nord ». La Grande-Bretagne comprend elle-même trois nations : Angleterre, Écosse et pays de Galles. Le pays est donc constitué de quatre entités différentes, à l'identité culturelle très distincte. Chacune a son propre Parlement, et dispose de pouvoirs locaux plus ou moins importants. Mais l'Angleterre domine tellement, avec 84 % de la population, que les Anglais confondent souvent leur histoire avec celle des Britanniques. Lors des matchs de rugby, l'équipe d'Angleterre fait jouer *God Save the Queen*, qui est pourtant censé être l'hymne national du Royaume-Uni. Les autres « nations » n'apprécient guère, mais elles n'ont pas le choix.

Ceci étant éclairci, le sentiment des Anglais d'être un peuple à part n'a pas complètement disparu. Dans une série radiophonique pour la BBC, Linda Colley, professeur d'histoire à l'université de Princeton, parle de la conviction qu'ont les Britanniques « d'être spéciaux ». Pour elle, c'est la géographie qui a façonné ce point de vue. Être une île change tout. La Manche ne fait peut-être que trente-quatre kilomètres à son point le plus étroit, mais la séparation apporte une identité unique.

Cette conviction est d'autant plus forte qu'elle est façonnée depuis très longtemps : l'Angleterre est l'une des plus vieilles nations au monde. Les Romains avaient déjà délimité le territoire actuel en construisant au nord le mur d'Hadrien, qui marque plus ou moins la frontière avec l'Écosse. Dès le xe siècle, une monarchie centralisée contrôlait l'Angleterre. Les dernières invasions remontent à celles des Vikings (du VIIIe au XIe siècle), puis à celle de Guillaume le Conquérant en 1066. Depuis, l'intégrité du territoire n'a guère été modifiée en un millénaire (à l'exception des Écossais qui ont envahi par moments le nord de l'Angleterre). Cela fait de l'Angleterre une rare exception, posant le socle d'un peuple très uni, du moins en comparaison du reste de l'Europe et de ses frontières mouvantes.

Sur cette base, la notion de peuple spécial a pris un virage historique au XVIIe siècle. Après avoir été longtemps repliée sur elle-même, avec des guerres incessantes avec ses voisins, l'Angleterre a construit une marine de guerre exceptionnelle. Sa force était hors du commun. Jamais une telle puissance n'avait été réunie. Depuis, la Royal Navy est pratiquement invaincue. Les Britanniques ont remporté toutes leurs plus grandes batailles marines, depuis la victoire contre l'Armada espagnole en 1588 jusqu'à la bataille d'Angleterre (certes en grande partie aérienne) pendant la Seconde Guerre mondiale, en passant par Trafalgar en 1805.

À partir de Waterloo et de la défaite finale de Napoléon en 1815, la Grande-Bretagne peut s'étendre sans qu'aucun ennemi puissant ne l'arrête. D'île à part, elle va devenir la première puissance mondiale. Elle se tourne vers l'Asie et l'Afrique. Elle consolide son emprise sur l'Inde, s'étend à la Birmanie, à Java, à Singapour… En Afrique, la domination va « du Cap au Caire », pour reprendre l'expression de Cecil Rhodes, magnat des mines, homme d'affaires et géant politique en Afrique du Sud. « L'Empire a donné aux Anglais la chance de se sentir bénis. Et plus son succès était grand, plus ils se sentaient bénis », estime le journaliste Jeremy Paxman, dans son livre, *The English* (Ed. Penguin Book, 1998).

C'est au début de l'expansion impérialiste que le poète William Blake écrit le fameux poème connu aujourd'hui sous le nom de *Jerusalem.* Il s'y interroge sur un vieux mythe : Jésus est-il venu en Angleterre ? Y a-t-il construit la nouvelle Jérusalem ? « Ses pieds ont-ils jadis marché sur les montagnes vertes d'Angleterre ? » Le poème développe aussi l'idée du paradis perdu. Selon lui, les belles et paisibles campagnes d'autrefois auraient été massacrées par la révolution industrielle. « Et Jérusalem a-t-elle été construite ici, parmi ces sombres moulins sataniques *("these dark satanics mills")* », interroge-t-il, faisant référence aux énormes cheminées d'usine qui parsèment alors le pays.

Le poème restera relativement peu connu jusqu'en 1916. Mais en pleine Première Guerre mondiale, le texte est mis en musique par le compositeur Hubert Parry. L'armée avait alors besoin de tout le soutien possible, et l'idée de peuple élu s'imposait comme une évidence. Et *Jerusalem* devient alors l'un des chants patriotiques les plus connus du pays. Il s'impose comme l'hymne national anglais officieux.

Aujourd'hui encore, il est repris très régulièrement dans les églises, est chanté par les milliers de clubs du Women's Institute qui émaillent le pays (voir partie II, chapitre 3) et a été choisi comme l'un des cantiques du mariage du prince William avec

Kate Middleton. Lors de la dernière nuit des Prom's, un grand festival de musique classique qui se conclut par un fameux concert au Royal Albert Hall, la foule l'entonne à tue-tête en agitant des drapeaux, avant de poursuivre sur *God save the Queen*, l'hymne national britannique officiel.

Là encore, la confusion est révélatrice : un chant patriotique anglais (le poème ne parle que d'Angleterre), suivi de l'hymne britannique. Dans la salle, les drapeaux de l'Union Jack côtoient ceux de la croix de saint George, sans que personne ne s'arrête sur cet étrange mélange.

Aujourd'hui, les Anglais ne sont évidemment pas dupes. Personne ne croit que Jésus est réellement passé en Angleterre, et qu'il a béni les lieux. Mais, avec la fin de l'Empire et le déclin économique relatif des soixante dernières années, l'idée du peuple élu s'est mutée progressivement en une notion plus subtile, mais très forte : les Anglais aiment s'imaginer comme étant les inventeurs de la civilisation moderne. Non seulement parce que la révolution industrielle y a été inventée, modelant la planète entière, mais aussi parce que leur modèle de justice, de démocratie parlementaire et de liberté (y compris le respect de la propriété privée) s'est imposé partout ailleurs.

Dans cette logique, la Seconde Guerre mondiale joue un rôle exceptionnel sur la façon dont se conçoivent les Anglais. La victoire contre l'Allemagne nazie est vécue comme l'acte d'héroïsme d'une île qui a résisté seule. « La Grande-Bretagne s'y voit comme ayant sauvé la civilisation », analyse Pierre Purseigle, historien français, enseignant à l'université de Warwick. Il n'est pas question de mettre en doute le courage et l'abnégation des Anglais pendant le Blitz. Mais l'intervention américaine, sans même parler du front russe, ont bien entendu eu un poids militaire décisif qui est souvent oublié outre-Manche.

L'idée d'une nation qui a imposé la civilisation est souvent reprise par David Cameron. Après qu'un officiel russe a balayé du revers de la main le Royaume-Uni comme étant une « petite île », le Premier ministre a répliqué d'une longue tirade révélatrice. « La Grande-Bretagne est peut-être petite, mais je mets au défi quiconque de trouver un pays avec un passé plus fier, un cœur plus généreux et une résistance plus forte. La Grande-Bretagne est une île qui a aidé à retirer le fascisme du continent européen [...]. La Grande-Bretagne a aidé à abolir l'esclavage, a inventé la plupart des choses qui valaient la peine d'être inventées, notamment tous les sports joués à travers le monde, qui aujourd'hui encore génère de l'art, de la littérature et de la musique que le monde entier adore. »

Quinze ans plus tôt, le journaliste Jeremy Paxman exposait déjà la même thèse dans son livre (mélangeant lui aussi allègrement Anglais et Britanniques). « Les Britanniques ont plus ou moins inventé une grande partie du monde moderne. » La preuve ? « Ils ont développé les formes actuelles de football et de rugby, de tennis, de boxe, de golf, de courses hippiques, d'alpinisme et de ski. Les Anglais ont créé le tourisme moderne avec le Grand Tour (visite de l'Europe continentale arrangée pour de riches Anglais à partir du XVIIIe siècle) et le premier voyage organisé lancé par Thomas Cook (en 1841). Ils ont développé les premiers hôtels modernes (le Savoy avec lumières électriques, six ascenseurs et soixante-dix chambres). Charles Babbage a créé le premier ordinateur dans les années 1820. [...] Les sandwichs, les cartes de Noël, les boy-scouts, les timbres-poste, les assurances modernes et les romans policiers sont tous des produits "made in England". »

On peut dénigrer cet inventaire à la Prévert, nécessairement sélectif. Les Romains pratiquaient déjà le tourisme ; le tennis trouve ses racines dans le jeu de paume français ; les sandwichs sont un apport discutable à la gastronomie… Il serait également possible de dresser une longue liste de l'influence d'autres peuples, que ce soient les Français, les Chinois ou les Américains.

Force est pourtant de constater que Jeremy Paxman touche du doigt une étonnante vérité. Cette île excentrée au nord-ouest de l'Europe, de 130 000 kilomètres carrés (en excluant l'Écosse et le pays de Galles), soit cinq fois moins que la France et cent fois moins que la Russie, réverbère dans le monde entier. Il suffit de voir les gamins du Sri Lanka jouer au cricket sur le moindre terrain vague pour s'en persuader. De constater que le système parlementaire britannique s'est imposé un peu partout dans le monde, de l'Australie au Canada. De s'apercevoir que Shakespeare demeure l'un des auteurs les plus joués au monde.

Mais l'influence n'est pas qu'historique. Les adolescentes françaises en train de se déhancher sur les derniers hits de One Direction en sont la preuve (note aux lecteurs nés au XXe siècle : il s'agit d'un groupe de musique pop au succès planétaire). La mode dans les rues de Londres, des punks aux gothiques, du tailleur pour hommes Paul Smith à la couturière Vivienne Westwood, s'est étendue dans le monde entier. David et Victoria Beckham sont des stars mondiales, qu'il n'y a pas besoin de présenter. Quant aux téléspectateurs américains agglutinés devant X-factor, une émission de télévision mettant en scène un concours de chant, ils regardent, sans nécessairement le savoir, un concept britannique.

Il s'agit de *soft power*, comme l'appellent les Anglais. À leurs yeux pragmatiques, puisqu'ils ne peuvent plus imposer la puissance de leur marine et la taille de leur Empire, l'influence culturelle et intellectuelle a pris le dessus. Peuple élu il n'est plus, mais peuple influent il demeure. ■

LONDRES, ÎLE DANS L'ÎLE

Où d'autre qu'en Angleterre imaginer un tel cérémonial ? Sous les voûtes gothiques de 25 mètres de haut de Guildhall, le palais de la City, au centre de Londres, le silence est complet. La procession avance, solennelle. Chacun a remis son habit d'apparat : capes vert émeraude et rouge sang, tricornes noirs à bords dorés, cols d'hermine… Le lord-maire est assis sur son trône, au centre de l'immense pièce. À ses côtés se trouve son successeur.

Le chambellan se lève. Après trois profondes révérences, il remet silencieusement la masse d'arme en argent massif doré. Le lord-maire la touche, avant de laisser son successeur faire de même. La scène est répétée, toujours sans un mot, pour la cassette, l'épée et le sceau. Quelques instants plus tard, le lord-maire enlève son chapeau. Son successeur met le sien. Voilà officiellement ce dernier intronisé pour un mandat d'un an.

Cet étrange ballet, qui se répète chaque année début novembre, n'a pratiquement pas changé depuis un millénaire, à l'exception de la lumière électrique et de quelques micros. Les archives historiques évoquent l'existence de lords-maires depuis au moins le début du XIe siècle, mais la tradition est probablement encore plus ancienne.

À première vue, cette réunion de chapeaux à plumes et de capes brodées pourrait passer pour le reliquat d'un passé poussiéreux. Ce serait se méprendre. Les lords-maires, qui se succèdent à Guildhall, sont à la tête d'une institution aussi influente que discrète : la corporation de la City. Il ne faut pas les confondre avec les maires de Londres, qui sont connus du grand public (élus au suffrage universel direct) et dirigent l'ensemble de la capitale britannique. Les lords-maires ne contrôlent que le « mile carré », ce minuscule bout de terre au centre de Londres, et presque personne ne les connaît. En revanche, ils sont à la tête de l'un des lobbys les mieux organisés au monde.

« Notre rôle est de promouvoir la City », explique John Stuttard, ancien lord-maire (il était le 679e à ce poste, en 2006-2007), et auteur d'un livre sur la corporation de la City. En clair : derrière l'apparat, ce comptable de haut vol et ancien associé de PricewaterhouseCoopers était chargé de défendre envers et contre tout la première place financière au monde.

Ses pouvoirs sont un rêve de lobbyiste. Le lord-maire dispose d'un accès privilégié aux grands de ce monde. À chaque visite d'État d'un dirigeant étranger, deux banquets sont organisés : l'un par la reine, l'autre par la City. Nicolas Sarkozy y est ainsi passé, se retrouvant assis aux côtés des financiers londoniens. De même, le Premier ministre britannique et le chancelier de l'Échiquier (ministre des Finances) viennent chaque année pour deux importants banquets, consacrés respectivement aux affaires étrangères et à l'économie.

Cela signifie que ce personnage méconnu a accès directement aux ministres les plus haut placés, voire aux chefs d'État.

Mieux encore, son *remembrancer* (terme ancien et désuet, qui signifie officiellement « gardien du protocole ») dispose d'une place à la Chambre des communes, derrière le *speaker*. Il est chargé de faire pression sur les députés pour qu'aucune loi un tant soit peu négative ne vienne contrer les intérêts de la City. Juriste de formation, l'actuel tenant du poste, Paul Double, a même à plusieurs reprises « aidé » à rédiger des projets de loi.

John Stuttard précise que les pouvoirs formels de la corporation de la City sont faibles. Mais il ajoute : « L'influence vient du fait que le message que nous portons est toujours le même. Ce n'est pas la personne du lord-maire qui compte, mais l'institution qu'il représente. »

Pour arriver au poste de lord-maire, il faut officiellement se faire élire. Mais la vérité est qu'il s'agit plus d'un adoubement entre gens de bonne compagnie. Il faut d'abord devenir *alderman*, *via* une élection pour un mandat de six ans où se présente généralement un seul candidat. Quant aux électeurs, ce sont, dans leur majorité, les entreprises qui ont le droit de vote. Plus elles ont d'employés, plus elles ont de voix. En clair, les grandes banques élisent les candidats qui ont au préalable été adoubés. Les *aldermen* forment une sorte de Chambre haute, sur le modèle de la Chambre des lords. La Chambre basse est composée de conseillers municipaux, élus comme dans le reste de l'Angleterre, mais traditionnellement sans étiquette politique.

Si bien que les accusations pleuvent contre la corporation, qui passe aux yeux de ses opposants pour une société secrète aux pouvoirs souterrains. « L'argent a pris le contrôle de la démocratie », accuse Lord Glasman. Cet universitaire, trublion de gauche, se bat depuis des années pour que la City fasse preuve de plus de transparence, et qu'elle soit réformée.

Taquin, il avait voulu prendre le titre de « Lord of the City of London » lors de son intronisation à la Chambre haute du Parlement, parce qu'il habite à l'intérieur du « mile carré ». La corporation y a coupé court.

La City est un paradoxe qui résume parfaitement Londres. Si la corporation qui la dirige est la quintessence de la vieille Angleterre, le premier centre financier mondial n'est plus depuis bien longtemps anglais. Les grandes banques américaines, japonaises et européennes en ont fait leur lieu de prédilection. Les métaux et le pétrole du monde entier s'y échangent. Les transactions se font en dollars et en euros.

Le club de gentlemen à chapeaux melon n'est plus. Si la mode a eu raison des couvre-chefs, c'est Margaret Thatcher qui a eu la peau des gentlemen. En 1986, elle lance le « big bang ». Tous les services financiers sont libéralisés, et les vieilles protections corporatistes d'antan volent en éclats. Au passage, de nombreuses banques britanniques se font avaler tout cru par leurs concurrentes internationales. Mais deux décennies plus tard, cette ouverture complète à la concurrence, doublée d'une législation très souple, a permis à la City de s'imposer comme l'un des deux centres financiers mondiaux, avec Wall Street. Il s'agit d'un tour de force : là où son concurrent américain peut s'adosser sur l'économie américaine, la première mondiale, Londres s'est spécialisée comme le centre de la finance mondialisée, concentrant les flux monétaires de la planète.

Pourtant, derrière ce succès incontestable demeure la vieille corporation aux règles antédiluviennes. À quelques exceptions près, ses dirigeants sont blancs et anglais. Seules deux femmes ont occupé le poste de lord-maire. Et aucun non-Britannique n'a eu ce privilège, même si l'un d'entre eux était issu d'Afrique du Sud.

Le reste du pays est à la même image. L'Angleterre est extrêmement centralisée. Tout se décide dans la capitale. Le Parlement s'y trouve, de même que le gouvernement. Les villes secondaires anglaises ont peu de pouvoir. Il faut aller en Écosse ou au pays de Galles, nations qui ont leur propre Parlement, pour trouver d'autres vrais centres de pouvoir.

Et pourtant, Londres n'est guère habitée par les Anglais. Aujourd'hui, parmi ses 8,3 millions d'habitants, seuls 45 % sont des Britanniques blancs, selon l'Office national des statistiques. Une majorité de la population est donc constituée soit de Britanniques issus des minorités ethniques, soit d'étrangers.

Il suffit de se promener cinq minutes à Londres pour s'en rendre compte. Les vendeurs dans les magasins, les serveurs dans les restaurants, les infirmières dans les hôpitaux, les salariés dans les banques, les golden boys dans les salles de marché : du plus riche au plus pauvre, du plus diplômé au moins éduqué, ceux qui font tourner la ville ne sont souvent pas des Britanniques.

La capitale réunit 270 nationalités différentes, parlant 300 langues. La sandwicherie Prêt à Manger, où se précipitent des milliers de travailleurs le midi pour leur déjeuner sur le pouce, emploie à elle seule une centaine de nationalités.

Bref, Londres n'est guère anglaise. Autour de la ville se trouve la M25, une grande autoroute périphérique : il faudrait presque imposer un système de visa pour la traverser, tellement elle est différente du reste du pays.

Plus étonnant encore : les Blancs britanniques quittent cette ville-État en grand nombre. En 2011, il y en avait 620 000 de moins qu'en 2001. Beaucoup sont allés s'installer aux alentours : Essex, Kent, Surrey... Souvent, les prix immobiliers astronomiques les ont forcés à partir. Parfois, ils en ont profité, vendant leur résidence achetée il y a trente ans pour enfin s'offrir une maison avec jardin dans une campagne verte – ou au moins une banlieue verdoyante.

Londres se retrouve donc dans cette position paradoxale : le centre du pouvoir économique et politique s'y trouve, mais il s'agit d'une ville-monde détachée du reste du pays. « Londres et New York sont deux villes-État, attachées à des pays un peu pourris *(crap countries)* », lance, provocateur, Simon Jenkins, éditorialiste au *Guardian*. Avant d'ajouter : « Par bien des aspects, les Londoniens n'ont rien en commun avec les habitants du reste du pays. Ils vont en vacances en Europe, pas à Grimsby (ville côtière du nord-est de l'Angleterre). » Lui ne s'en félicite pas et estime que le pays s'en trouve trop déséquilibré. « C'est dramatique. »

Ben Page, directeur de l'institut de sondages Ipsos Mori, confirme. « L'Allemagne a Berlin, mais aussi Francfort, Hambourg… Les États-Unis ont New York, Washington DC, San Francisco… Nous, on n'a que Londres. »

Pas question de tomber dans le romantisme, bien sûr. Derrière son dynamisme, la capitale britannique est remplie de défauts. À commencer par son aspect esthétique. « Londres a toujours été une ville laide. Cela fait partie de son identité », lance Peter Ackroyd, dans son énorme livre-portrait de la ville (*London : The Biography*, Ed. Vintage, 2001). Il décrit une ville qui n'a jamais été planifiée, et n'a guère fait l'objet de plans d'urbanisme. Londres s'est développée de façon organique, au bonheur des plans des promoteurs immobiliers. Parfois ça marche, parfois c'est une catastrophe.

Le grand incendie de 1666 est en cela symbolique. Cette date clé de la City est un véritable traumatisme. La ville, où les corporations de métier règnent alors en maîtres, est à l'époque ravagée par un feu qui démarre dans le four d'une boulangerie. Les maisons de 70 000 des 80 000 habitants sont touchées.

Juste après, l'architecte Christopher Wren propose de tracer de grandes avenues, plus pratiques et plus harmonieuses. Les marchands de la City refusent en bloc : trop long, trop cher. En clair, ce n'était pas bon pour le commerce, la raison d'être de la ville.

Après la Seconde Guerre mondiale, et la destruction apportée par le Blitz, le même phénomène se reproduit. Londres est à genoux. « Comparée à d'autres grandes villes comme Rome, Paris et New York, c'était laid et abandonné. Pour la première fois de son histoire, Londres était devenue embarrassante », continue Peter Ackroyd. Dans cette période de déclin – fin de l'Empire, restrictions alimentaires – l'urbaniste Patrick Abercrombie propose de restructurer la capitale radicalement. Si son idée de construire des villes nouvelles aux alentours est retenue, ses plans pour le cœur de Londres sont en revanche rejetés.

Voilà qui explique que le tracé des rues de la City demeure médiéval. Voilà pourquoi aussi un horrible hôtel en béton a été construit juste derrière le monument historique Tower Bridge. Mais voilà également pourquoi Londres ose : des dizaines de gratte-ciel ont vu le jour au début du XXIe siècle, en plein cœur de la ville millénaire. Bâtiments antiques et tours futuristes se juxtaposent, pour le meilleur et pour le pire. Harmonieux, probablement pas ; dynamique, certainement.

L'autre grand défaut de Londres est bien sûr son inégalité. La richesse qui s'y étale est évidente. Le salaire médian y est 21 % plus élevés que la moyenne britannique. Les appartements des quartiers chics de l'ouest s'échangent pour des millions de livres. Mais les pires poches de pauvreté du

Royaume-Uni s'y trouvent également. Les 10 % les plus riches de la capitale possèdent un patrimoine de 1,1 million d'euros en moyenne, contre 4 250 euros pour les 10 % les plus pauvres.

Londres se caractérise par une juxtaposition des strates sociales. Là où Paris rejette les problèmes sociaux dans les banlieues lointaines, la capitale britannique les cache derrière les murs de logements sociaux au cœur de la ville.

Dans le sud de la ville, Doddington Estate en est un bon exemple. Cet énorme complexe construit dans les années 1960 est constitué d'une vingtaine de barres d'HLM, chacune contenant plus de deux cents appartements. Ce monstre d'urbanisme est régulièrement le lieu de faits divers plus ou moins violents : trafic de drogue, vandalisme, et même quelques meurtres ces dernières années… Paradoxalement, le quartier aux alentours est plutôt huppé. Il suffit de faire quelques centaines de mètres pour voir les magasins cossus de Clapham Junction, à un demi-kilomètre de là, fréquentés par les mères de famille BCBG.

Entre les deux quartiers, un fossé infranchissable demeure. Beaucoup d'habitants ne sortent presque jamais de Doddington Estate. Souvent, on y vit de génération en génération. C'est le cas de Simone Brown, une assistante sociale qui travaille dans une association caritative installée localement. Elle est une exception et a décroché un emploi. Mais sa grand-mère vit des allocations sociales, de même que sa tante et son oncle.

Dans son petit appartement de Doddington Estate, Michelle Martin raconte la misère au quotidien. « Il m'arrive régulièrement de terminer la semaine avec seulement 5 livres (7 euros) », témoigne cette mère célibataire de 42 ans, dont la fille a 21 ans. Quasiment analphabète, à cause d'une dyslexie non repérée pendant son enfance, elle n'a pas travaillé depuis un passage en prison il y a une décennie. Elle touche une allocation de 350 euros par mois (mais son logement est pris en charge), et compte chaque penny. « Je marche partout où je vais, je ne fume pas, je ne bois pas, je n'achète pas de vêtements. L'hiver est la période la plus dure, quand il faut éteindre le chauffage pour économiser. »

Est-ce en réaction à cette pauvreté que plusieurs dizaines de jeunes de Doddington Estate sont descendus sur Clapham Junction pendant les émeutes de l'été 2011 ? Ils ont éventré les magasins du quartier, pillant matériel électronique, tee-shirts et chaussures de sport de marque. Daniel Sartain Clarke, 18 ans, était l'un d'entre eux. Jeune sans histoire, élevé par sa mère célibataire avec sa petite sœur de 8 ans, il s'est contenté de suivre le mouvement. Il reconnaît être entré dans un magasin d'électronique, dont la vitrine était brisée depuis deux heures, et avoir emporté quelques lecteurs de DVD. Pas de chance, les forces de l'ordre l'ont interpellé sur place. « Une folie passagère », a plaidé son avocat, qui souligne que Daniel était très actif dans son église et sa communauté. Le juge n'a rien voulu savoir et l'a condamné à onze mois de prison ferme.

Et pourtant, malgré la désorganisation de l'urbanisme, malgré la pauvreté effrayante, Londres est une ville formidable. Elle est trop grande, trop dominante, trop inégale… Mais comment ne pas aimer ses « villages », chacun avec leur identité particulière ? Il y a Islington la bourgeoise, Shoreditch la jeune à la mode, Brixton le quartier jamaïcain, Hackney et sa « boboïsation »… Les bords de la Tamise ont été redécouverts ces vingt dernières années, offrant de très agréables promenades. Les théâtres de Soho sont plus vivants que jamais et les meilleures comédies musicales au monde s'y jouent. La scène musicale de Camden reste parmi l'une des plus riches, les musées – pour l'essentiel gratuits – sont exceptionnels, les restaurants excellents. Et puis, il y a les parcs. De Regent Park à Victoria Park, de Battersea Park à Saint James's Park, Londres est très verte. Dans cette ville qui court et qui ne s'arrête pas, les parcs offrent une aire de respiration qui rend l'endroit beaucoup plus habitable.

Cette ville monumentale, dominante et dominatrice, est fascinante. Le brassage de la population, son melting-pot développé depuis des siècles, ont engendré une ambiance unique. Mais la cité de Big Ben et de Downing Street, de la City et de Trafalgar Square, n'est pas totalement anglaise. Pour le reste de l'Angleterre, elle est une île, lointaine mais indispensable, dont tout dépend. ■

LA BALAFRE DU NORD

On aimerait bien essayer de dire qu'après tout, ce n'est pas si mal. Que le quartier est vivable, pas entièrement délabré. Que c'est sans doute un peu défraîchi, un peu vieillot, mais pas si horrible. Mais franchement, c'est impossible. Le centre-ville de Wythenshawe est horriblement déprimant. Impossible de faire semblant du contraire.

Ici, en cette lointaine banlieue de Manchester, le temps s'est arrêté quelque part au milieu des années 1980. Au sol se trouvent des pavés usés et détrempés en ce début de mois de février. Plusieurs magasins sont fermés, à la recherche d'un locataire. Les seuls qui semblent faire des affaires sont les *poundshops*, qui proposent tout à une livre sterling. Le petit restaurant est un *greasy spoon* à l'ancienne, aux tables en formica poisseuses. Le café y est réchauffé. À défaut des *baked beans* avec toasts trempant dans la sauce, la serveuse propose d'énormes assiettes de frites et curry. La révolution gastronomique qui a soufflé sur la Grande-Bretagne depuis une vingtaine d'années n'est pas arrivée jusqu'à cet endroit. Un McDonald's et un KFC offrent la seule alternative.

Comme le quartier, les habitants sont marqués par les années. Il y a Brian, son crâne rasé et ses quatorze années de chômage. Sharon, sa toute petite retraite et sa plainte contre les prix qui n'en finissent pas d'augmenter. Laura, une courageuse mère célibataire, qui a monté son stand de petits gâteaux grâce à l'aide financière de son beau-père, qui remplit des étagères dans les supermarchés.

Tous disent très sérieusement que l'endroit s'est beaucoup amélioré. Que les dealers de drogue qui faisaient régner la terreur en plein centre-ville ont maintenant été chassés. Que la sécurité s'est grandement améliorée et qu'ils n'ont plus entendu parler de meurtre depuis longtemps. C'est dire à quel point la situation était catastrophique.

Wythenshawe est surnommé « le plus grand parc de logements sociaux d'Europe ». Personne ne sait avec certitude si ce titre est correct, mais l'alignement de petits pavillons en briques s'étend sur des kilomètres, avec à peine quelques magasins pour briser la monotonie. À quelques kilomètres de là, le centre de Manchester est charmant. Entièrement refait, il a redonné des couleurs à cette ville du nord, qui avait été durement touchée par la désindustrialisation des années Thatcher.

Mais pour Sarah, Brian et Johnny, c'est à des années-lumière. Ils ont 16, 18 et 26 ans, et descendent une pinte de bière au mal nommé Happy Man, un pub local. Ils ne se rendent presque jamais au centre de Manchester. C'est loin. Il faut prendre les rares trains qui passent, et rentrer tôt le soir avant le dernier corail. Surtout, ce n'est pas leur monde, ni leur niveau de vie : tout y est cher et intimidant. Quant à Londres, n'en parlons pas. C'est un concept lointain. Seul Johnny s'y est rendu un jour. Les autres ne connaissent pas la capitale britannique. « Je n'en ai pas envie. D'ailleurs, je n'ai aucune ambition », lance Brian, presque défiant.

Wythenshawe n'a rien d'exceptionnel en Angleterre. Il existe des dizaines de villes similaires, apparemment abandonnées à leur sort. Wigan, Bolton, Blackpool, Hull, Bradford, Coventry… Beaucoup de Britanniques peineraient à situer précisément sur une carte ces cités de quelques centaines de milliers d'habitants. Seule certitude, ou presque : ça se trouve au nord ou au centre.

Le déclin de cette région n'a d'égal que l'extraordinaire pic qu'il a connu par le passé. La révolution industrielle, qui a bouleversé l'Angleterre, puis l'ensemble du continent européen, est partie de là à la fin du XVIIIe siècle. Le charbon était son cœur, les canaux et les chemins de fer ses artères, la machine à vapeur ses poumons. Les mines établissaient des records : la première à produire plus d'un million de tonnes de houille par an, dans les années 1930 ; la plus profonde jamais réalisée en Europe, à près d'un kilomètre sous terre, après la Seconde Guerre mondiale…

Aujourd'hui, toutes ont fermé. L'histoire est connue. Les mines, nationalisées en 1947, n'étaient pas assez productives et perdaient de l'argent. Quand Margaret Thatcher a été élue Premier ministre en 1979, elle a décidé d'y mettre fin. Sa vision, qui domine aujourd'hui encore au Royaume-Uni, tient en quelques mots, mais a changé pour toujours l'Angleterre : il faut laisser faire le marché, pour créer les emplois de demain, pas défendre ceux d'hier.

Cela s'est traduit par une lutte à mort entre les mineurs et la Dame de fer. En mars 1984, son gouvernement a annoncé la fermeture de vingt mines. Les syndicats ont répondu par une grève épique, qui a duré un an et fait trois morts. Margaret Thatcher en est sortie triomphante : les mineurs, épuisés, sans salaire, dans un dénuement complet, ont fini par capituler. Non seulement la Dame de fer a gagné la dispute industrielle, mais le public, hésitant au départ, a finalement très majoritairement pris son parti. Les syndicats, refusant tout compromis, sont apparus trop extrémistes.

Une décennie plus tard, quand la plupart des mines ont fermé et que l'industrie du charbon a été privatisée en 1994, la réaction du public britannique a été apathique. Plus personne ne cherchait à défendre les travailleurs au visage noir. Aujourd'hui, UK Coal, l'entreprise privée qui a hérité du secteur, n'emploie plus que 2 000 personnes, contre 700 000 au lendemain de la Seconde Guerre mondiale…

Direction Stoke-on-Trent, à cinquante kilomètres au sud de Wythenshawe. Il n'est que 17 h 30 en cette journée de juin, et les devantures de Church Street sont presque toutes fermées. Alan Barrett, conteur d'histoires dans les écoles primaires, et activiste local, déambule avec son chapeau à plumes, pointant un doigt désabusé sur les boutiques miteuses de cette rue centrale. Outre les kebabs gras et les sandwicheries douteuses, les mêmes magasins se répètent à l'infini : *bookmakers*, prêteurs à gages, vêtements d'occasion vendus par des associations caritatives… Des jeux, des prêts et des articles au rabais… « La moitié des commerces a fermé ici ces dernières années. Et la seule chose qui les remplace, ce sont ces horribles enseignes. »

Comme à Wythenshawe, ce qui frappe est l'impression d'abandon. Dans les rues, presque aucun passant ne vient troubler le calme pesant. Trouver un lieu pour avaler un morceau relève de la gageure, et il faut se rendre dans le supermarché à moitié vide pour dénicher un café en train de fermer. Dehors, la peinture sur les devantures des petits immeubles pèle. Les maisonnettes en briques sans âme se succèdent. Les rares pubs qui n'ont pas fait faillite sont presque vides : une bière pression est trop chère et les habitants du quartier préfèrent acheter des cannettes qu'ils ramènent chez eux. « Il y avait un esprit de communauté ici autrefois, regrette Alan Barrett. Mais la vie a quasiment disparu. »

Stoke-on-Trent est rempli de rues comme Church Street. La balafre remonte aux années 1980. Après la fermeture des mines, la mondialisation a porté un coup fatal à la grande spécialité locale : la poterie.

La construction d'un canal jusqu'à Liverpool permettait de facilement importer la glaise venant de Cornouailles. Les assiettes et autres services à thé des marques Wedgwood et Royal Doulton, qui apparaissent encore aujourd'hui sur de nombreuses tables anglaises, viennent de là. Mais la concurrence chinoise a provoqué un massacre. Il ne reste plus que quelques petites usines spécialisées dans le haut de gamme.

Ce déclin industriel profond a marqué tout le nord. Sheffield et son industrie de l'acier ; Newcastle et ses chantiers navals ; Liverpool et son port tourné vers l'Amérique ; Blackburn et son textile… Toutes ces villes ne sont que l'ombre de leur grandeur passée.

Bien sûr, il ne faut pas caricaturer. Le nord n'est pas une zone complètement dévastée. Plusieurs villes ont su rebondir. Liverpool et Manchester en sont les exemples les plus évidents. La première a su reconquérir le bord de la rivière Mersey, avec succès. Une succursale de la Tate, le musée de Londres, a ouvert ses portes dès les années 1980. Installée à l'époque sur les quais déserts et ventés d'Albert Dock, elle a servi d'ancre à un renouvellement complet du quartier. Aujourd'hui, une grande salle de spectacles s'y trouve, ainsi qu'un musée très intéressant consacré à l'esclavage et un autre aux Beatles, qui sont bien sûr originaires de la ville. Le tout forme un centre urbain dynamique et agréable.

Quant à Manchester, l'explosion en 1996 d'une énorme bombe de l'IRA, le groupe paramilitaire nord-irlandais, a complètement éventré le centre-ville. L'explosif a détruit plusieurs dizaines de bâtiments, forçant la mairie à complètement refaire l'architecture locale, qui datait des années 1960 et était détestée localement. Le résultat a été une réinvention complète du centre, partiellement piétonnier, tout en gardant intelligemment de vieux bâtiments victoriens. L'économie locale a trouvé un relais dans l'industrie de la création, avec notamment des studios de télévision et de cinéma.

Mais pour ces deux succès, combien de quartiers qui ne se sont pas encore remis du choc des années 1980 ? Combien de Wigan, de Hull, d'Oldham, trois cités parmi les plus pauvres du pays ?

La « division nord-sud » de l'Angleterre est l'une des principales caractéristiques du pays. Face à Londres et au sud-est du pays qui s'enrichissent, le nord semble oublié. Le salaire moyen au nord est 15 % inférieur à celui du sud ; le chômage au nord-est de l'Angleterre est presque le double de celui du sud.

Le fossé concerne aussi la santé. L'espérance de vie dans le Dorset (sud-ouest) frôle 83 ans ; à Blackpool (nord-ouest), elle est de 74 ans, soit presque une décennie d'écart. La litanie des statistiques continue ainsi à l'infini : le nord est plus touché que le sud par l'obésité, les accidents cardio-vasculaires, la mortalité infantile, les cirrhoses…

À tel point qu'une partie de la frange méridionale commence à se dire que le nord ne peut plus être sauvé. Dans le plus grand secret, le conseil des ministres de Margaret Thatcher a débattu, pendant l'été 1981, de l'idée de tout simplement laisser tomber Liverpool. Des émeutes avaient secoué la ville. Michael Heseltine, un ministre influent, avait publiquement demandé une forte injection d'argent. Ses collègues lui ont ri au nez. Mieux valait simplement « gérer le déclin », a fait valoir l'un d'eux.

Beaucoup plus récemment, pendant l'été 2013, David Howell, ancien ministre de Thatcher qui siège désormais à la Chambre des lords, a provoqué la stupéfaction en lançant une suggestion concernant le gaz de schiste : il proposait de protéger les belles campagnes anglaises, mais d'implanter les puits d'hydrocarbure dans l'ancien nord industriel. « Il y a de grands endroits inhabités et désolés. Certainement, dans le nord-est, il y a beaucoup de place pour la fracturation hydraulique. » Lui-même vient de Guildford, une bourgade cossue du Surrey, à moins d'une heure de Londres.

La fracture est aussi politique. Au nord, on vote travailliste ; au sud, conservateur. Le Premier ministre David Cameron, qui est député d'une jolie circonscription semi-rurale près d'Oxford, n'a jamais convaincu les anciens bastions ouvriers du nord. La région a voté conservateur à 31 % lors des élections de 2010, douze points de moins que le reste de l'Angleterre.

Dans ces conditions, la crise financière de 2008, qui vient pourtant de la City et de ses banques, situées au sud, a frappé de plein fouet le nord. À Stoke-on-Trent, les scènes à la Charles Dickens – ou à la Ken Loach – réapparaissent. Huit banques alimentaires sont apparues en moins d'un an, pour faire face à un problème qui avait pratiquement disparu : la faim. Dans l'un de ces centres, on rencontre des gens comme ce jeune homme qui a longtemps survécu avec cinq crackers par jour, n'osant pas demander de l'aide. « Quand on a découvert son cas, on voulait lui donner des aliments à cuisiner, mais son gaz et son électricité avaient été coupés, témoigne Darren, qui dirige l'association après avoir lui-même connu la rue. Il est obligé de manger cru, mais cela abîme son estomac. »

Dans une autre banque alimentaire, Paul, 39 ans, vit avec 70 livres (85 euros) par semaine, en plus de son logement pris en charge par la mairie. C'est une énorme amélioration. Quelques mois plus tôt, ses allocations s'étaient réduites à 14 livres par semaine. Deux livres par jour, à peine de quoi se payer un café… Paul, au chômage depuis de longues années, qui vit en grande partie d'une aide aux handicapés pour de très sérieux problèmes d'estomac, s'était retrouvé soudain entre deux allocations différentes. Le temps de faire valoir son cas auprès des autorités, il a vécu plusieurs mois extrêmement douloureux. « J'étais obligé de réduire mes achats alimentaires. Il a fallu que je prenne moins de produits frais, qui sont plus chers. Mais c'est mauvais pour mon estomac… »

Tous les deux sont des cas compliqués. Le premier ne voulait pas demander d'aide et le second a changé de catégorie administrative. Mais ils illustrent une évidence : dans une ville comme Stoke-on-Trent, décimée dans les années 1980 et 1990, la moindre nouvelle difficulté refait basculer des milliers de personnes dans l'extrême pauvreté. La même leçon s'applique dans une grande partie du nord de l'Angleterre. ■

PARTIE II

UNE NATION DE CLASSES SOCIALES

LES CLASSES SOCIALES, TOUJOURS INCONTOURNABLES

Impossible de ne pas se retourner sur son passage. Grayson Perry est travesti ce jour-là en son alter ego, Claire. L'artiste britannique porte une robe vert pomme avec un grand col blanc pointu, un maquillage outrageux aux couleurs criardes, et une perruque blonde. Il est à la Royal Academy, équivalent britannique – en plus dynamique – de l'Académie des beaux-arts française, pour présenter sa dernière œuvre : une fresque composée de six tapisseries extrêmement détaillées racontant les classes sociales anglaises.

« La vanité des petites différences » *(The Vanity of Small Differences)*, son titre, dépeint des gens obnubilés par leur place dans la société moderne, agissant et consommant de façon tribale. Les classes populaires *(working class)* y sont tatouées et trop maquillées, pratiquent le combat en cage et chantent des mélos devant des usines dévastées. Les classes moyennes, tablette électronique et ordinateur en main, sont représentées quittant un « paradis perdu » fait de maisons sagement alignées et de voitures de marque bien garées. Quant aux classes hautes, elles sont symbolisées sous la forme d'un grand cerf pourchassé par la meute, façon chasse à courre, et sont décrites comme une « espèce en voie de disparition ».

L'Angleterre demeure un pays de classes sociales. Si la stratification a été profondément modifiée ces dernières années, elle continue à exister, et Grayson Perry a voulu se pencher sur le phénomène. « Les classes sociales ont évidemment beaucoup changé et elles sont moins distinctes qu'autrefois. Mais elles étaient tellement profondes dans notre société, leurs racines remontant à l'époque victorienne, qu'il serait faux d'imaginer qu'elles ont disparu. »

L'artiste reçoit dans une arrière-salle de la Royal Academy. Il parle d'une voix grave qui tranche avec ses habits de travesti, tandis que sa femme est affalée dans un canapé sur le côté. Il est un des artistes britanniques contemporains les plus intéressants du moment et un excellent observateur de la société anglaise. Lui-même est issu d'une classe populaire, et a été élevé dans l'Essex, dans le sud-est de l'Angleterre, par sa mère et son beau-père, qui était violent.

Il a réalisé ses tapisseries dans le cadre d'un documentaire passionnant, en trois épisodes, pour lequel il est parti à la rencontre des classes sociales contemporaines. À Sunderland, dans le nord pauvre du pays, il a tenté de comprendre les classes populaires, croisant des supporters de football et des passionnés de voitures de sport. Le temps d'un vendredi soir, il s'est aussi travesti en reprenant les codes de beauté locaux : perruque blonde peroxydée bouffante, robe trop courte, faux cils disproportionnés… « Ces vêtements sont souvent jugés de mauvais goût, mais c'est une façon de dire qu'on appartient à un certain groupe. Ce qui compte est la théâtralité. S'habiller ainsi le temps d'une soirée est une façon de montrer la personne qu'on rêve d'être », explique-t-il dans le documentaire.

Il plaint les classes populaires, dont les goûts sont considérés kitsch par le reste de la population. « Avant, les classes populaires avaient les mines et les chantiers navals dont elles pouvaient être fières. C'était le centre de leur pouvoir, mais ça a disparu. Aujourd'hui, la culture qui a remplacé cela, les salons de beauté où on se fait poser de faux ongles, le faux bronzage n'imposent pas le même respect. »

Pour les classes moyennes, Grayson Perry a choisi de concentrer sa visite sur deux groupes distincts. Le premier se trouve à Kings Hill, dans le Kent, sans doute ce que la Grande-Bretagne a de plus proche de la banlieue parfaite façon américaine. Ce nouveau village construit de toutes pièces en 1989 aligne de jolies maisons de style faussement ancien, des pelouses impeccables, et des Land Rover garées à angle droit. Jane, une habitante, a fait l'acquisition de la maison témoin, mobilier compris. « Elle a acheté d'un coup le goût de ce que les classes moyennes se doivent d'avoir », estime l'artiste. Ici, les marques sont essentielles, même si elles ne doivent pas être trop visibles. Les polos sont Lacoste, les chaussures Prada et les assiettes signées Jamie Oliver, le chef cuisinier télégénique.

L'autre classe moyenne que Grayson Perry est allé voir prend l'approche radicalement opposée, avec un rejet de l'ostentatoire : pour impressionner, il faut donner l'impression de ne pas vouloir impressionner. Grayson Perry a choisi pour cela Tunbridge Wells, une jolie campagne anglaise aux racines médiévales. Là, on fréquente les brocantes et les marchés bio, et on apprécie plus que tout les sous-entendus. « C'est la classe la plus consciente de son goût des choses », juge Grayson Perry, qui ajoute, mordant : « À Londres, quand je vais à la Royal Academy, c'est le genre de personnes que je reconnais dès le bus. Elles disent aimer l'art plastique, mais elles ne veulent pas que l'expérience soit trop sauvage. Les femmes portent des boucles d'oreilles originales, pour se sentir différentes, mais elles ont des goûts très classiques. »

Restent les classes hautes et l'aristocratie. « Elles passent leur temps à râler qu'elles n'ont pas assez d'argent », s'amuse l'artiste. Et c'est souvent vrai. Entretenir les châteaux venant de lointains ancêtres coûte des fortunes, que ces héritiers ne possèdent pas toujours. Peu importe : la richesse n'est pas la question. L'origine compte beaucoup plus. « Plus on fait partie des classes hautes, moins on a besoin de prouver quoi que ce soit. » Mieux, montrer le passage du temps est un avantage. Dans son documentaire, en arrivant dans l'une des chambres du château de Frampton, dans la campagne du Gloucestershire, Grayson Perry ne peut s'empêcher de s'exclamer : « Les rideaux sont légèrement effilochés, les fenêtres sont faites avec du vieux verre qui contient quelques bulles d'air… Tout est parfait ! »

Grayson Perry est le premier à reconnaître que les classes sociales ont beaucoup changé, et que l'idée de lutte des classes est désormais complètement dépassée. Pour lui pourtant, leur importance demeure. La question, estime-t-il, n'est pas la richesse de chacun (il existe des riches, des pauvres et des classes moyennes dans le monde entier), mais le fait que les Anglais passent leur temps à se référer à ce concept. « Les classes sociales sont une obsession, et les gens parlent d'eux-mêmes en termes de classe. Si bien que la notion continue à se propager. »

Tout a changé en 1979, avec l'arrivée au pouvoir de Margaret Thatcher. La Dame de fer avait promis d'accélérer la mobilité sociale, de mettre fin à cette société figée. Si elle a tout fait pour détruire les syndicats, représentant selon elle une lutte des classes dépassée, elle croyait aussi à la possibilité de s'enrichir et de changer de classe. Elle, la fille de petit commerçant, a partiellement réussi à faire passer cette idée que tout est possible, à force de travail et d'intelligence. L'enrichissement très rapide des yuppies des années 1980 est venu renforcer cette idée. Une sorte de « rêve britannique », façon rêve américain, a vu le jour, sans jamais vraiment être évoqué en ces termes…

Si bien qu'en 1997, John Prescott, politicien travailliste proche de Tony Blair, n'hésitait pas à déclarer : « Nous faisons tous partie des classes moyennes désormais. » Cette annonce, mi-aveu, mi-calcul politique, est fondamentale. John Prescott est l'un des hommes politiques aux racines les plus profondément plongées dans les classes populaires. Lui-même est fils de cheminot et petit-fils de mineur. Il a commencé sa carrière comme steward dans la marine marchande et a longtemps été syndicaliste. Deux décennies plus tôt, il se serait identifié comme classe populaire sans la moindre hésitation. Au point que Nicholas Soames, petit-fils de Churchill, membre éminent des élites anglaises, n'hésitait pas à l'insulter à la Chambre des communes, en le hélant comme un garçon de café : « Je prendrai un gin tonic, Giovanni, et veuillez demander à mon ami ce qu'il prendra. » Dans ces conditions, voir un personnage comme John Prescott se définir comme « classe moyenne » en dit long sur l'évolution de la société…

Ce desserrement des anciens codes s'est vérifié partiellement avec l'arrivée au pouvoir de David Cameron en 2010. Fils et petit-fils de courtier, éduqué dans l'école privée d'Eton, la plus réputée du pays, le Premier ministre britannique est indiscutablement « *posh* » (terme difficile à traduire, signifiant huppé, snob, ou membre des hautes classes). Pourtant, malgré les tentatives des travaillistes de rappeler son origine privilégiée, l'argument n'a pas convaincu les électeurs. Les sondages vont dans le même sens : près de la moitié des Britanniques pensent que les classes sociales sont moins rigides qu'autrefois (sondage Ipsos Mori en 2008).

Grayson Perry se serait-il donc trompé ? Les classes sociales sont-elles désormais un débat du passé ? La stratification rigide d'autrefois aurait-elle volé en éclats avec la révolution thatchérienne ? Non, comme le prouve la suite du même sondage. L'immense majorité des Britanniques (88 %) affirme que le système des classes existe encore aujourd'hui. Les deux tiers affirment d'ailleurs n'avoir jamais eu de romance avec une personne d'une classe différente de la leur. Les codes se sont desserrés, mais ils restent. La perception des classes sociales demeure profondément ancrée.

Qu'en est-il de la réalité économique ? Fin 2013, la Commission sur la mobilité sociale, un nouvel organisme public, remettait son premier rapport. Sa conclusion est sévère. « La Grande-Bretagne demeure un pays profondément divisé. Les désavantages (à la naissance) continuent à profondément influer sur les chances dans la vie. [...] Malgré des efforts souvent considérables, les élites sociales ne se sont pas ouvertes, que ce soient dans les meilleures universités ou les emplois les plus haut placés. [...] Nous craignons que la mobilité sociale, qui s'était améliorée au milieu du siècle dernier avant de se stabiliser à la fin, ne commence à reculer en ce début de XXIe siècle. »

Le rapport argumente son propos avec une série de chiffres évocateurs. Le salaire des parents continue à déterminer très largement celui des enfants : un enfant d'une famille riche a trois fois et demie plus de chances d'obtenir un salaire élevé quand il sera adulte qu'un enfant d'une famille pauvre. Les deux tiers des élèves des écoles privées – très chères – vont dans les meilleures universités ; pour les écoles publiques, le ratio n'est que d'un quart (au passage, l'étude montre que la France ne fait guère mieux).

Ces statistiques le prouvent : la mobilité sociale demeure problématique. Pourtant, ce n'est pas vraiment de ça que parlent les Anglais quand ils évoquent le système de classe. Ils désignent plus précisément un système de codes compliqués, faits de goûts, d'accents, d'attitudes…

Kate Fox l'explique très bien. Cette anthropologue est l'auteur de ce qui est sans doute le meilleur livre récent sur les Anglais. Dans *Watching the English*, paru en 2004 aux éditions Hodder, elle a décidé de ne pas consacrer de chapitre aux classes sociales. « Cela aurait été inapproprié : les classes traversent presque tous les aspects de la culture et de la vie anglaise, et elles vont donc se retrouver dans tous les sujets dont je parle dans ce livre », écrit-elle en préambule.

Pour expliquer la survivance tenace des classes, malgré la révolution économique des années 1980, elle rappelle que ce n'est pas l'argent qui compte dans la définition des différentes catégories. « Un enseignant et un agent immobilier peuvent techniquement tous les deux faire partie de la "classe moyenne". Ils peuvent même vivre dans une maison similaire, conduire une Volvo, boire dans le même pub et gagner à peu près le même revenu. Mais nous jugeons les classes sociales d'une manière plus subtile et complexe : comment on arrange précisément sa maison, comment on la décore, la meuble ; pas seulement la marque de sa voiture, mais est-ce qu'on la lave soi-même le dimanche, l'emmène au Lavomatic ou utilise le climat anglais pour rincer la saleté. Des distinctions similaires s'appliquent à exactement quoi, où, quand, comment et avec qui on mange et on boit ; les mots qu'on utilise et comment on les prononce ; où et comment on fait ses courses ; les vêtements qu'on porte ; les animaux domestiques qu'on possède ; comment on passe ses loisirs… »

Grayson Perry avait donc vu juste. L'artiste a su sentir avec précision les différentes strates de la population. Il ne s'est d'ailleurs pas intéressé à la richesse de chacun, mais aux goûts. Selon lui, c'est ça qui continue à définir la société anglaise, cette jungle ultra-codifiée, accessible uniquement aux natifs. Aujourd'hui comme hier, chacun connaît sa place. ■

LA REINE, UN ANACHRONISME TELLEMENT IMPORTANT

Le 3 juin 2012. Il pleut des cordes sur Londres. Les dizaines de pique-niques organisés dans tout le pays tombent à l'eau, littéralement. La fête du jubilé de diamant de la reine Elizabeth II s'annonce humide, très humide. Et pourtant, la foule réagit de la façon la plus anglaise possible : par centaines de milliers, les gens sortent leur parapluie, mettent leurs imperméables et leurs bottes en plastique, et bravent les torrents d'eau qui s'abattent du ciel. Destination : la Tamise, où une procession de 670 bateaux rend hommage aux soixante années de la souveraine sur le trône. Elle-même est imperturbable, dans son manteau et chapeau blancs. Mais son attitude importe peu : l'immense majorité de la foule ne peut rien voir. Quelques écrans géants ont bien été placés le long du fleuve, mais il y a trop de monde pour s'en approcher.

Il faut avoir vu ces conditions désastreuses – froid, pluie, foule compacte interdisant toute visibilité – pour mesurer le succès de ce jubilé. La fête était à son comble, les sandwichs aux concombres détrempés mangés avec avidité, la joie réelle. Rien à voir ces fous du roi, qui campent des jours entiers sur place pour assister au mariage du prince William et de Kate Middleton ou à la naissance du petit prince George. Si les médias en raffolent, il ne s'agit le plus souvent que d'excentriques bien peu représentatifs. Cette fois-ci, la foule massée le long de la Tamise traduit bien une profonde ferveur populaire.

La meilleure façon de le mesurer est d'aller à l'encontre de la pauvre manifestation de républicains, organisée juste devant Tower Bridge, au milieu de la foule du jubilé. Moins de deux cents d'entre eux sont présents, avec quelques pancartes faites de bric et de broc. Leur slogan ne relève vraiment pas du point de vue révolutionnaire : « La démocratie, pas la monarchie. » Leurs chants sont largement étouffés par le bruit de la foule, leur présence au milieu de l'élan monarchique est pratiquement invisible. Et pourtant, quelle réaction de la part des passants ! « Dégagez d'ici ! » « Honte à vous ! » « Comment osez-vous nous provoquer ? » Le flegme anglais démontré quelques instants plus tôt face à la pluie disparaît d'un coup. Les masquent tombent.

Un petit groupe se met spontanément à chanter des refrains monarchiques pour défendre la reine. « Le Royaume-Uni est l'un des pays qui a conservé ses traditions et je pense que c'est vraiment important, estime l'un de ces "contre-révolutionnaires". Si la monarchie n'existait pas, on perdrait une partie de l'âme de ce pays. »

Tous les sondages le montrent. Environ 20 % des Britanniques se disent républicains, un niveau qui n'a guère changé depuis des décennies, même au pire de la crise qui a suivi la mort de Diana, en 1997. Un habitant sur cinq, ce n'est pas si mal. Et pourtant, ils sont pratiquement inaudibles.

Leur problème, c'est qu'ils font face à Elizabeth II, une reine qui n'a presque jamais fait un faux pas. « Elle ne fait jamais de gaffe, se plaint Matthew, l'un des républicains. Elle est excellente en relations publiques, meilleure que les Premiers ministres et que les gouvernements. Elle n'a presque jamais la presse contre elle, et si ça arrive, elle résout le problème très rapidement. »

Matthew en serait presque chagriné. « C'est pour ça que je ne demande pas à ce qu'elle soit décapitée ou quelque chose comme ça. Personnellement, je crois en la démocratie plutôt que dans un système héréditaire, et je vais continuer à y croire. Mais ce n'est pas ma priorité absolue. En ce moment, on est en récession, des gens perdent leur emploi, il y a des choses plus importantes. »

Dans de telles circonstances, les républicains ne se pressent pas. Le groupe Republic envisage un référendum… d'ici une quinzaine d'années. « Nous travaillons à organiser un référendum d'ici 2025 pour décider entre une monarchie et une démocratie », explique Paula Theam, sa porte-parole. L'idée, sans le dire clairement, est tout simplement d'attendre que la reine meure, et que le prince Charles, beaucoup moins populaire, lui succède. Beaucoup moins populaire, vraiment ?

3 décembre 2013. Le petit village de Tempsford est sur son trente et un. Les majorettes sont de sortie, frissonnantes dans leur uniforme trop court pour la saison. La grande rue, où se trouve le pub de ce coin de campagne près de Cambridge, est remplie des notables du coin : le maire et les conseillers municipaux, le directeur d'école, le député local. Ce jour-là, le prince Charles est de visite.

L'héritier au trône, qui a alors 65 ans, a fait le déplacement pour inaugurer un petit monument en l'honneur des femmes espionnes de la Seconde Guerre mondiale. La ferme voisine a longtemps servi de terrain d'aviation secret, et nombre d'entre elles ont décollé de là, avant de sauter en parachute sur le continent européen, souvent sans revenir.

Pour faire venir le prince, le village a fait jouer des pistons. Tazi Hussain, un grand ponte de la médecine, qui habite le village et qui est à l'origine de la stèle, a comme fille Mishal Hussain, présentatrice star de la BBC. Quelques coups de téléphone, et elle a convaincu le palais.

Comme lors du jubilé de la reine, mais en cent mille fois plus petit, il faut voir la joie de la petite foule présente pour comprendre l'importance de ce genre de déplacement. Une attachée de presse survoltée est présente, donnant aux médias locaux et à quelques journalistes des tabloïds des ordres précis : à la minute près, le programme est organisé. Il y aura la cérémonie religieuse d'abord, puis l'inauguration du monument, et enfin la rencontre avec la foule.

Rodé, la main gauche dans la poche de son blazer gris croisé, très décontracté, le prince Charles se révèle charmant tout au long de la matinée. Il salue les gens les uns après les autres, patiemment, écoute les histoires de chacun, les ponctuant d'un « épatant » ou « fantastique ». Il s'arrête auprès des enfants de l'école primaire, qui ont visiblement passé les semaines précédentes à préparer des pancartes de bienvenue.

Arrive l'étape du pub, où le prince de Galles s'assoit avec les vétérans de la Seconde Guerre mondiale. Une habitude pour plusieurs d'entre eux, qui l'ont déjà rencontré. Le prince Charles, comme toute la famille royale, est un militaire. L'armée est au cœur de ses valeurs, et les anciens combattants représentent son fonds de commerce.

Pour la photo, il se fait servir une demi-pinte de bière. Une *bitter* traditionnelle, pas une blonde, bien entendu. Il en boira une petite gorgée, et n'y touchera plus, la tournant distraitement entre ses mains. C'est un de ses coups médiatiques favoris, lui permettant de s'afficher de façon à peu près naturelle dans un pub.

La conversation tourne pendant un petit quart d'heure autour des exploits des vétérans présents. Le prince Charles a son accent inimitable, typique de la haute aristocratie anglaise : débit légèrement bégayant, un peu lent, impression de purée de pomme de terre dans la bouche… Ceux situés de l'autre côté de la table sont vexés de ne pas avoir pu placer un mot. D'autres, durs d'oreille, n'ont rien entendu. Mais peu importe, ils sont tous ravis, saupoudrés d'un peu de magie royale.

Quel anachronisme, cette royauté ! En plein XXIe siècle, le chef de l'État britannique hérite de sa fonction. Bien sûr, son pouvoir est limité. Mais il ne relève pas du simple décorum. Lors des visites d'État, la reine reçoit les dignitaires les plus puissants de la planète. Elle leur sert un banquet au palais de Buckingham ou au château de Windsor, dans un luxe fastueux. Chaque semaine, le Premier ministre britannique se déplace pour s'entretenir avec elle des affaires du pays. En 1952, Winston Churchill avait pris sous son aile cette si frêle et jeune reine, après la mort de son père. Depuis, elle a fréquenté onze Premiers ministres différents, traversant les âges, alors qu'eux ont été si éphémères.

Sur son bureau passent les télégrammes diplomatiques officiels et elle doit signer les lois. Chaque année, elle réalise l'ouverture officielle du Parlement, lisant un discours surréaliste où elle annonce le programme que « son » gouvernement va mener pendant l'année suivante. Bien sûr, ce n'est pas elle qui l'a rédigé, mais c'est bien elle qui le déclare, assise sur le trône placé à la Chambre des lords, devant l'ensemble des parlementaires du pays. La reine est aussi gouverneur suprême de l'Église d'Angleterre, rappelant que l'Église et l'État ne sont pas vraiment séparés outre-Manche.

Comment expliquer le poids de la royauté dans un pays aussi pragmatique ? La réponse tient en large partie à la personnalité de la reine actuelle. Elizabeth II n'a rien dit d'intéressant en soixante ans de règne, pourrait-on persifler. Mais c'est toute sa force. Elle ne prend pas parti, et assure une présence rassurante et efficace sans faute. Lors des cérémonies, elle prend toujours le temps de parler avec ses interlocuteurs, les regardant droit dans les yeux. Elle ne donne pas son avis, mais pose des questions, interroge, semble intéressée. Année après année, elle laboure le pays, présente aux commémorations militaires et aux remises de décorations, aux courses de chevaux et aux cérémonies de prix.

Elizabeth II est une professionnelle de la réception. Pas au sens frivole du terme. Son travail est de donner à chacun le sentiment profond d'être écouté, sans jamais exprimer elle-même la moindre opinion. Et force est de constater qu'elle y parvient à merveille.

Sa longévité est également une arme redoutable : la plupart des Anglais – et des Britanniques – n'ont jamais connu qu'elle sur le trône. S'ils devaient voter pour leur chef d'État, il est fort probable qu'ils la choisiraient.

Mais le pouvoir de la monarchie va au-delà. Le prince Charles a souvent pris position, de façon tranchée : pour l'agriculture biologique, contre l'architecture moderne, contre les OGM… Son divorce tonitruant avec Diana et son deuxième mariage avec Camilla Parker Bowles sont mal passés dans l'opinion publique. Tout cela l'a affaibli. Et pourtant, l'empressement autour de sa personne quand il se déplace indique que le charme opère. La magie royale demeure, dans un accord tout ce qu'il y a de plus anglais. Tant que le monarque ne prend pas trop de place, et ne tente pas de revendiquer des pouvoirs trop importants, son rôle est renforcé. Mais le jour où il ira trop loin, la réaction risque d'être virulente et son rôle pourrait s'effondrer. ■

AU PAYS DE MISS MARPLE

Ce soir-là, il n'y a pas eu de crime. Quel dommage ! Agatha Christie aurait sans doute adoré envoyer Miss Marple, sa grand-mère détective, au cœur de ce groupe de vieilles dames anglaises. Tous les éléments du parfait roman policier étaient réunis : un grand village sans histoire ni caractère, insipide à souhait ; près de cinquante femmes, d'une moyenne d'âge d'environ 70 ans, qui se réunissent chaque mois pour faire des confitures ou partager une tasse de thé ; une fraternité qui se craquelle un peu trop vite dès qu'on gratte la surface ; des histoires de solitude difficiles à vivre ; et un jeune instructeur de gymnastique et sa jolie assistante.

À Kidlington, dans la petite salle communale du Foresters Hall, située au-dessus du supermarché, la réalité semble rejoindre la fiction en cette soirée de janvier 2014. Nous sommes à une dizaine de kilomètres d'Oxford, dans une banlieue banale et ennuyeuse. Même les pubs semblent manquer d'imagination dans le choix de leur nom : il y a le Black Bull (Taureau Noir), le Black Horse (Cheval Noir) et le Red Lion (Lion Rouge). « Presque rien n'a changé depuis ma naissance », confie Joel Thomas, 26 ans, un électricien qui a grandi sur place, en train de terminer une pinte de bière avec son père. Seul signe distinctif : le milliardaire Richard Branson a longtemps habité le village. Mais sa grande maison était en retrait et représente une anomalie : le reste des habitants fait partie des classes moyennes plutôt basses. La vie n'est pas dure, mais pas luxueuse.

Presque un siècle après l'invention de Miss Marple (personnage créé en 1927), la cinquantaine de membres de la section locale du Women's Institute s'installe pour leur réunion mensuelle. Sue, Hazel, Pat, Carole, Judy et les autres pétillent d'enthousiasme. La soirée s'annonce excitante : à la place du traditionnel « thé et biscuits », ce soir sera « vin et fromages ». Et l'invité du jour est un jeune homme (de 44 ans…), instructeur de la salle de gymnastique voisine, aux muscles bombant son tee-shirt noir. Son assistante en maillot moulant est là, et présentera à la fin quelques exercices à faire assis sur sa chaise. Ce soir, on s'encanaille…

S'il est une association qui donne le pouls de l'Angleterre profonde, celle des classes moyennes pseudo-rurales, c'est bien le Women's Institute (WI). Créée en 1915, l'association est lancée initialement pour encourager les femmes des campagnes à développer l'agriculture, alors que beaucoup d'hommes sont partis au front et que la nourriture se fait rare. La préservation des aliments est mise en avant.

Les fondements sont ouvertement patriotiques et la morale sous-jacente. On est entre femmes de bonne famille, respectables et ardues à la tâche. On se réunit pour faire des confitures et de bonnes actions. Le journal de l'association s'appelle *Home and Country* (Maison et Patrie). Dans les années 1920, le WI s'approprie le cantique *Jerusalem*, devenu une sorte d'hymne patriotique anglais, qui reprend un poème de William Blake célébrant les campagnes anglaises (voir partie I, chapitre 3). Le WI en tire son surnom, que les femmes de Kidlington assument aujourd'hui encore avec fierté : *Jams and Jerusalem* (Confitures et Jérusalem).

Le succès est rapide : en 1919, plus de 1 400 sections existent ; en 1933, plus de 5 000 ; en 1953, plus de 8 000. L'organisation compte alors presque un demi-million de membres, atteignant son pic. Sa dimension est ensuite restée stable jusqu'aux années 1980, puis a connu deux décennies de déclin. Mais avec la crise financière de 2008 est arrivé un renouveau : de nouveaux clubs se sont créés, notamment dans les villes. Le WI reste aujourd'hui d'une étonnante puissance, avec 212 000 membres répartis entre 6 600 sections.

À Kidlington, la section locale existe depuis le 2 juillet 1931. Le compte rendu de la première réunion est soigneusement annoté dans un cahier gris. « Mrs. Bentley, Mrs. Butler et Mrs. Curtis » y avaient notamment discuté de la sortie de l'été à Bournemouth. Il fallait déterminer lequel du train ou d'autres « services motorisés » étaient le plus pratiques.

En janvier 2014, presque rien n'a changé. À ceci près que cette section a désormais abandonné l'incantation de *Jerusalem* pour ouvrir la séance. À la place, Hazel Casey, la présidente locale, pleine d'énergie et d'humour, lance les discussions de sa voix perçante, secouant ses cheveux blancs bouclés permanentés. Il faut payer son inscription annuelle, de 34 livres (40 euros). Pour le concours de jacinthes, merci de déposer son pot sur la table. (« J'ai mis la mienne au frigidaire, elle fleurissait trop tôt », s'esclaffe une des membres.) La dernière réunion en novembre portait sur la réflexologie, avez-vous aimé ? La prochaine grande réunion, rassemblant six sections du WI, sera un défilé de mode de Marks & Spencer. Décidément, on s'encanaille…

L'instructeur de gymnastique arrive. Pendant trois quarts d'heure, il raconte sa vie. Enfant horriblement timide, il a trouvé la confiance grâce aux sports de combat ; a monté ce petit club ; peine à boucler les fins de mois, « mais je me suis donné comme mission de donner aux gens la possibilité de faire du sport »… Face à tant d'épanchement, les femmes du WI sont légèrement mal à l'aise. Afficher ses émotions est tellement à l'opposé de leurs bonnes manières. Et quand arrive l'heure d'essayer des exercices, malgré tout l'enthousiasme de l'assistante en justaucorps, mettre les vieilles dames au hula-hoop s'avère difficile. La majorité des membres restent assis sur leur siège, se contentant de faire passer un ballon par-dessous les jambes en guise d'exercice…

L'apparente solidarité entre les membres n'est pas non plus très solide. Maureen Smith tient absolument à se distinguer. Égrenant ses diplômes universitaires de haut niveau, elle veut faire comprendre qu'elle n'appartient pas vraiment à ce petit groupe. D'ailleurs, elle habite la plupart du temps en Islande, pays d'origine de son mari. « La vie n'a pas changé ici, elle n'a pas évolué avec le temps », dénigre-t-elle. Mais Maureen Smith n'a pas compris : c'est justement ça que viennent chercher les membres du WI.

Il est facile de se moquer. Ces dames font pourtant preuve d'une gentillesse et d'un accueil extraordinairement chaleureux.

Elles reçoivent avec empressement, menant une bataille subtile et non dite pour trouver une place et discuter avec le journaliste étranger de passage. Pas question de le laisser repartir sans un pot de marmelade, dûment étiqueté. Toutes racontent des vies relativement similaires : nées localement, passionnées de jardinage, mères et grands-mères, elles ont souvent eu de petits emplois de secrétariat. Pourquoi une telle uniformité ? Le WI a-t-il un règlement, ou des « valeurs » fondatrices qui les rassemblent ? Judy Hall, une des membres les plus actives, semble presque surprise par la question. « Non, pas du tout, nous n'avons pas de code de conduite ou de choses comme ça. Il n'y a pas besoin d'écrire les règles. »

Voilà qui en dit long sur les Anglais : au pays où il n'y a pas de Constitution, les règlements ne sont pas nécessaires. Ces femmes se rassemblent dans le WI autour des quelques valeurs qu'elles comprennent à mi-mot, comme une évidence… Politesse, amour de la nature et des animaux, décence, patriotisme discret, sens de l'histoire et des racines : tout cela va de soi. Sans compter une solidarité féminine – qui n'a rien de féministe – extrêmement importante.

Au-delà, le club de Kidlington raconte aussi l'histoire de nombreuses solitudes. Quelques veuves sont présentes. D'autres sont des femmes « nouvellement » arrivées. Janet Persson est de celles-là : elle habite le village depuis dix ans et a rejoint le WI il y a trois ans. « C'est très dur de rencontrer d'autres personnes, constate-t-elle. À force, j'ai fini par connaître mes voisins, mais cela m'a pris une décennie. Dans un endroit comme ici, les gens restent entre eux, surtout à mon âge. Ils ont déjà leur réseau d'amis, il n'y a pas de place pour de nouveaux venus. » Voilà une autre règle très anglaise : le respect très poussé de la vie privée de chacun, qui donne une formidable liberté dans une ville comme Londres, mais qui confine parfois à l'indifférence dans un village comme Kidlington.

Il serait faux également de réduire le WI à un club de vieilles dames qui font de la marmelade. Si l'association n'est évidemment pas virulente, elle pousse à sa manière les causes de son choix. Dans les années 1920, elle s'est battue pour le droit des mères d'enfants illégitimes et pour faire connaître les maladies sexuellement transmissibles ; dans les années 1960 et 1970, elle a fait campagne pour aider les mères célibataires ; dans les années 1980, elle s'est battue contre le surendettement…

Chaque année, le WI vote pour une nouvelle cause. Chaque membre peut faire des suggestions. Cette année, le choix comporte notamment la lutte contre la mutilation génitale féminine ou l'aide au don d'organes. Rien de bien controversé, mais une suggestion qui provient d'un réseau de 212 000 membres, pour la plupart des électrices actives, ne peut pas être complètement ignorée par la classe politique. Un siècle après sa disparition, il reste encore quelque chose de Miss Marple chez les Anglaises. ■

DANS L'EAST END, LE « TITI » LONDONIEN N'EST PLUS CE QU'IL ÉTAIT

Shamim Mulla est sur le point d'ouvrir sa propre école maternelle. À 35 ans, cette mère de quatre enfants n'est pas peu fière de son projet. Elle a trouvé les locaux, en bordure du joli parc de London Fields, dans l'est de Londres. Elle a aussi l'expérience nécessaire : voilà presque une décennie qu'elle était vice-directrice d'une école Montessori à Bethnal Green, dans le quartier voisin. Elle a aussi ses premiers clients : plusieurs parents, qui appréciaient beaucoup son sens pédagogique, et sa discipline efficace mais en douceur, ont promis d'y mettre leur enfant. « Je rêvais de créer ma propre école. C'est désormais presque chose faite. » La rénovation des locaux sera bientôt finie et l'ouverture doit se faire juste après.

Quand elle raconte son histoire, Shamim porte un simple foulard musulman. Mais en sortant dans la rue, elle met le voile intégral. Seuls ses yeux sortent du tissu noir. « Je fais toujours attention à ce que les enfants à l'école me voient le mettre, pour qu'ils comprennent que c'est moi quand je sors. Et ça ne leur pose jamais aucun problème. »

Une enseignante portant le voile intégral dans la rue et le foulard pendant l'enseignement ? S'agit-il d'une école musulmane ? « Bien sûr que non, s'agace Shamim. Tout le monde me pose la question. J'ouvre une école Montessori, qui est la méthode que j'aime et que je connais. Les enfants sont les enfants, quelle que soit leur religion. »

Les parents qui allaient dans son établissement précédent, à Bethnal Green, n'ont effectivement rien de religieux. Pour la plupart, il s'agit de pères et de mères très « bobos » vivant dans ce quartier tendance de la capitale britannique. Presque tous sont étrangers, en majorité européens, travaillant dans des professions créatives : un couple est germano-brésilien et gère un cabinet d'architectes ; un autre est indo-autrichien, deux artistes vidéaste et musicien ; un autre encore est franco-anglais, lui travaillant dans le marketing et étant très actif dans le parti travailliste, elle est femme au foyer…

À chaque Noël, l'école organisait une crèche vivante. Cela donnait lieu à cette scène surréaliste : Shamim, portant le voile, conduisait des enfants issus de familles pour la plupart non croyantes, déguisés en agneau, en bœuf et en âne, autour du « petit Jésus ». Les chants de Noël à consonance chrétienne étaient repris en chœur par les chérubins, filmés par les téléphones portables de parents attendris.

Une contradiction, voire du grand n'importe quoi ? Shamim ne semble pas comprendre la question. « Noël est une tradition chrétienne. La plupart des enfants ont un héritage chrétien, qu'il faut qu'ils connaissent. C'est normal de faire ce spectacle. »

Pourquoi cette femme, née à Birmingham d'une famille immigrée d'Inde, qui a un diplôme universitaire et dirige sa propre école, porte-t-elle le voile intégral ? « Ma mère ne le portait pas en Inde, mais elle s'est mise à le mettre au Royaume-Uni, parce qu'elle a découvert l'Islam plus en profondeur. J'ai choisi de faire de même. Mais je suis la seule fille de ma famille à le faire, mes sœurs n'ont pas suivi. » Pour elle, il s'agit d'une question de « pureté ». « Je suis plus respectée en le portant, du moins dans ma communauté. » Et cela ne l'empêche pas d'être allée récemment à l'anniversaire d'une amie célébrée dans un pub, occasion pour laquelle elle s'est découvert le visage (sans toucher à l'alcool, bien sûr).

Cette étrange rencontre entre les bobos immigrés et cette Britannique musulmane est un bon raccourci de l'East End. Traditionnellement, le quartier, situé à la lisière de la City, est le lieu où s'entassaient tous les pauvres de Londres, ainsi que les dockers et les manœuvriers. Le bidonville Old Nichol, situé en son cœur, était l'un des plus connus et des plus délabrés de l'époque victorienne.

L'East End est surtout l'un des quartiers les plus mythiques d'Angleterre. Dans l'imaginaire collectif, c'est de là que les « gavroches » *made in England* viennent. Les « titis » londoniens, avec leur gouaille et leur pauvreté, en sont issus. L'argot local, le *cockney*, s'il n'est pratiquement plus utilisé, est légendaire. Ce langage fleuri, inventé dans la rue, s'accompagne d'un accent prononcé, reconnaissable entre tous. Depuis 1985, le feuilleton télévisé *EastEnders* participe à cette mythologie. Il captive chaque soir entre cinq et dix millions d'Anglais, avec des pointes à quinze millions de téléspectateurs, en racontant les petites et grandes histoires de quelques familles vivant dans un quartier imaginaire, mais proche de la réalité prolétarienne de ce coin de Londres.

Toutes les vagues d'immigration sont arrivées dans le quartier. Les huguenots, persécutés en France, s'y sont réfugiés au XVIIIe siècle. Les rues à consonance française en témoignent encore : Fournier Street, Fleur de Lis Street, Navarre Street… Les juifs ont suivi au XIXe siècle, eux aussi fuyant les persécutions. Dans les années 1970, une grande vague venant du Bangladesh est arrivée. Les nouveaux venus ont installé tous les restaurants « indiens » de Brick Lane, une rue débordant de monde le week-end pour sa brocante.

Entre les échoppes de CD et les magasins de mode, on y trouve la petite mosquée Jamme Masjid, qui symbolise ces différentes strates. Le simple bâtiment en briques a été construit en 1743 par les huguenots français comme temple protestant. Il a ensuite été converti en 1898 en synagogue, avant de devenir un lieu de culte musulman en 1976 : toute la tolérance et le pragmatisme anglais résumés en quelques murs…

Depuis vingt ans, le quartier s'est embourgeoisé à grande vitesse. Les artistes à la recherche de locaux à bas prix sont arrivés les premiers, à commencer par Gilbert et George, le fameux couple connu autant pour leur apparence très formelle – toujours en costume de tweed – que leurs provocations créatrices – des sculptures avec leurs propres excréments... Les « créatifs » de tout poil ont suivi, attirés par les anciennes usines reconverties en magasins de mode. Les start-up des nouvelles technologies ont commencé à s'y installer, ainsi que les entreprises de marketing et de publicité. Signe le plus sûr de l'enrichissement des lieux : les prix immobiliers se sont envolés. Une maison frôle désormais le million d'euros.

Les différentes populations de l'East End vivent en strates séparées, sans vraiment se mélanger. Aujourd'hui, trois grands groupes dominent. Les « Britanniques blancs », pour reprendre la dénomination statistique officielle, ne représentent plus que 31 % de la population, selon le recensement de 2011. Pour la plupart, il s'agit de véritables « East Enders », ces prolétaires qui dominaient autrefois le quartier. En nombre, ils sont désormais dépassés, de justesse, par les Bengalis, qui représentent 32 % de la population. Enfin, les « autres Blancs », essentiellement des Européens, sont les nouveaux venus : leur nombre a doublé en une décennie, et ils comptent aujourd'hui pour 12 %. Le reste est composé de Somaliens, Chinois, Indiens, Jamaïcains...

Jimmy et Valerie (surnommée « Val » dans tout le quartier), nés respectivement en 1934 et 1937, ont assisté à la transformation du quartier avec une certaine incrédulité. Eux sont de vrais « East Enders ». Val a grandi à deux pas de leur appartement actuel, un duplex de quatre pièces comme il en existe tant à Londres : grande cuisine et salon en bas, trois chambres – dont une toute petite – à l'étage. Chez eux, tout est impeccable. Le napperon en dentelle est posé parfaitement sous le vase de roses. Les bibelots en porcelaine, achetés lors de vacances en Espagne, sont placés à équidistance de la cheminée. Un tableau champêtre représentant un pub à la campagne décore le mur, un choix intrigant pour eux qui sont des citadins de toujours. Une photo de leur fille le jour de son mariage et une autre en noir et blanc des parents de Val complètent le décor.

Le couple de retraités – lui était camionneur, elle aide-soignante – est d'une gentillesse et d'une retenue tout anglaises. À chaque fois que de nouveaux voisins s'installent, ils mettent des années avant de progressivement apprendre à les connaître. Mais quand la glace est brisée, ils gardent leurs enfants et conservent leurs clés, en cas de besoin.

Aucun d'entre eux n'oserait vraiment critiquer trop ouvertement la transformation de l'East End. Val et Jimmy sont de la trempe des gens qui ne se plaignent pas et évitent les grandes déclarations. Mais on sent bien qu'ils ne reconnaissent plus leur quartier. « Cet enrichissement est sûrement une bonne chose », hasarde Val, apparemment peu convaincue. « Mais je ne connais plus personne quand je descends dans la rue. »

L'histoire de leur appartement, situé dans un petit immeuble de trois étages, symbolise bien l'évolution des classes populaires anglaises. À sa construction en 1976, c'était un vaste progrès. « Notre ancien logement était vraiment en très mauvais état. » Puis Margaret Thatcher est arrivée et a révolutionné la Grande-Bretagne avec une loi : *Housing Act 1980*. Les habitants des logements sociaux ont obtenu le droit d'acheter leur appartement. Les mairies, qui étaient les propriétaires, les ont vendus à un prix souvent dérisoire. « Je n'avais pas spécialement envie d'acheter. Mais quand on nous l'a proposé à 18 000 livres à la fin des années 1980 (l'équivalent de 50 000 euros aujourd'hui), on n'allait pas dire non », témoigne Jimmy.

Depuis, Val et Jimmy voient leurs voisins succomber un à un à la tentation de vendre leur bien immobilier, qui vaut désormais une petite fortune (autour de 400 000 euros). Sa voisine, une amie très proche, est partie voilà une décennie, saisissant l'occasion pour s'installer dans une maisonnette avec jardin à la campagne.

Jimmy lui-même serait bien tenté. « J'aimerais aller vivre en Espagne. » Ils ont leurs habitudes dans le village de Roquetes, sur la côte est, où ils ont passé de nombreuses vacances. « Rien de l'East End ne me manquerait », poursuit l'ancien camionneur, qui ne met pratiquement plus le nez dehors, à part pour conduire sa femme une fois par semaine faire les courses au supermarché Asda. Mais Val ne veut pas en entendre parler. « J'aime trop Londres. »

Si Jimmy veut partir, ajoute-il en baissant la voix, c'est aussi à cause des « Asiatiques ». Le mot *Asian* désigne en Angleterre les personnes originaires du sous-continent indien. L'arrivée des Bengalis, qui date pourtant des années 1970, l'inquiète. « Ils sont arrogants, parlent dans leur propre langue devant nous, ne cherchent pas à s'intégrer. » Cette intolérance ordinaire relève plus de la réaction communautaire que de la méchanceté. « Dans l'immeuble d'en face, ils ont maintenant pris cet appartement, et celui-là, et celui-là..., indique-t-il en montrant du doigt fenêtre après fenêtre. Et quand on va chez ma fille (qui habite une tour HLM voisine), ça sent le curry partout. » Val est clairement agacée par cette ritournelle, elle qui a travaillé à l'hôpital avec des Bengalis. Mais elle laisse dire.

À la sortie de l'école de Columbia Road, à quelques pas de là, la cohabitation des communautés, toujours à bonne distance les unes des autres, se manifeste de façon évidente. Une jeune mère en blouson de cuir, téléphone vissé sur l'oreille, attend son enfant. Une autre, portant le voile intégral, la dépasse pour récupérer le sien. Et comme une synthèse, une troisième débarque, portant un blouson de cuir sur son voile intégral.

Olivier Geoffroy a mis ses enfants dans cet établissement. Ce Français, installé à Londres depuis 1998 et qui vit avec une Britannique, a ouvert voilà une décennie un magasin de meubles sur Brick Lane, dénommé *Unto this last.* Lui fait partie de cette troisième catégorie de population du quartier, mitoyenne des Bengalis et des East Enders. Il porte un jugement relativement sévère sur le modèle communautaire britannique. « Les différentes couches ne s'entre-tuent pas, bien sûr, mais elles ne se mélangent pas. » Dans son magasin, il a bien quelques clients bengalis, mais si peu…

Philip Engelmann, un auteur de théâtre suisse allemand, marié à une Hongkongaise, vit dans l'East End depuis deux décennies. Lui aussi constate ces couches distinctes, qui ne se mélangent guère plus que l'eau et l'huile. Mais il nuance. « La qualité de la vie est très bonne ici. On peut tout faire à pied, il n'y a pas beaucoup d'insécurité, il y a trois cinémas de qualité… » Nez en l'air, il promène ses yeux rêveurs sur ce petit monde, qui malgré tout cohabite en assez bonne entente.

Il rigole de ce vieil East Enders qui se flatte de cuisiner « patates et carottes le lundi, carottes et patates le mardi. Pas de sel, pas de poivre » pour boucler les fins de mois. Il s'enthousiasme pour ce Franco-Américain, cinéphile passionné, qui a ouvert un magasin de DVD de films d'art et d'essai, et qui a survécu jusqu'à présent à la vague Internet. Il apprécie les nombreux parcs, où son fils de 7 ans va faire du BMX. Et son plaisir coupable est de s'offrir une pâtisserie au magasin de *bagels* juif à la sortie de Brick Lane. « J'ai vécu à Berlin, j'ai vécu à Paris, je n'ai jamais trouvé une telle diversité. » Il s'inquiète de l'argent qui déferle sur le quartier, qui risque de mettre à mal l'esprit originel des lieux. Mais, malgré toutes les limites évidentes du quartier, et les poches de pauvreté encore flagrantes, il adore l'endroit. L'East End demeure un laboratoire exceptionnel et unique de diversité et d'immigration. ■

PARTIE III

UN PEUPLE DUR

SALETÉ DE PAUVRES !

Jacky Barfoot en est encore choquée. Deux jours plus tôt, son ami Kevin, épileptique et atteint depuis un an d'un cancer du côlon, s'est fait insulter chez le boucher. « L'un des vendeurs l'a agressé, lui lançant : tu ferais mieux de trouver un boulot, bon-à-rien, fainéant ! » Kevin est pourtant du genre discret. S'il milite dans une association de lutte contre les coupes budgétaires, il n'aime pas se mettre en avant et il vit très mal son incapacité à travailler. « Mais il fait près de cinquante crises d'épilepsie par semaine. Comment voulez-vous qu'il trouve un emploi ? » s'agace Jacky Barfoot.

Pour elle, également sévèrement handicapée, cette agression verbale est un signe des temps. « Ça fait sept ou huit ans que les gens sont devenus très durs. Dès qu'on dit qu'on vit d'allocations sociales, on est mal vu. La société anglaise est devenue très égoïste. » Jacky Barfoot ne coûte pourtant pas des fortunes à la collectivité : aujourd'hui, elle dispose de 60 livres (72 euros) par semaine pour vivre. « Je suis obligée de faire attention à chaque centime. Et franchement, je ne m'en sors que grâce à la générosité d'amis, qui m'apportent notamment à manger. » Récemment, son téléphone fixe et son Internet ont été coupés, suite à des factures impayées.

En France, dans l'imaginaire populaire, l'évasion fiscale des riches est le symbole d'une certaine dérive de la société. Outre-Manche, c'est la fraude aux allocations sociales qui n'est pas acceptable. Les vilains pauvres, qui ne méritent pas l'aumône, plutôt que les méchants riches, qui exploitent les misérables…

Le gouvernement britannique placarde les rues du pays d'affiches inquiétantes, menaçant les tricheurs potentiels. « Fraudeurs d'allocations sociales, notre technologie permet de vous retrouver », avertit l'une d'entre elles. Une autre montre un homme avec une cible dessinée sur le visage, accompagnée d'un slogan appelant à la délation : « Nous traquons les fraudeurs, grâce aux centaines de coups de téléphone que nous recevons à notre centre d'appels. » Suit un numéro à appeler.

Le ton est dur. Et la politique d'aides sociales le devient aussi, de plus en plus. Contrairement à l'idée reçue, la Grande-Bretagne possède historiquement une couverture sociale relativement généreuse, plus proche du modèle européen qu'américain. Mais ces dernières années, le système s'est durci. Cela a commencé sous Tony Blair, quand l'économie allait bien, mais ça s'est accéléré avec l'arrivée au pouvoir de David Cameron en 2010, qui a fait des coupes dans les dépenses publiques sa priorité.

L'un de ses objectifs est de réduire le nombre de personnes qui touchent les allocations pour handicapés. Au Royaume-Uni, plus de trois millions de personnes en dépendent. Ce nombre disproportionné est un héritage des années Thatcher : pour réduire le nombre de chômeurs, la Dame de fer avait artificiellement fait passer de nombreuses personnes dans cette catégorie, pour peu qu'elles souffrent d'un dos douloureux ou de stress sévère. Mais trois décennies plus tard, le durcissement des critères d'attribution de cette aide provoque de nombreux drames humains.

Le cas de Jacky Barfoot l'illustre. Cette femme de 47 ans vit à Stoke-on-Trent, dans le nord de l'Angleterre. La ville a été dévastée par le déclin économique depuis trois décennies : les mines de charbon voisines ont d'abord fermé ; puis presque toutes les poteries, la spécialité locale, ont mis la clé sous la porte les unes après les autres sous le coup de la concurrence chinoise.

À la fin des années 1980, Jacky a arrêté ses études, pour s'occuper à temps plein de son père, atteint de la maladie de Parkinson. Plus tard, elle a aussi réalisé les soins de sa mère, touchée de démence sénile en fin de vie. À force de les porter, elle s'est profondément abîmé le dos. Aujourd'hui, elle souffre d'arthrose de la colonne vertébrale et son système nerveux central est touché. Pour se déplacer, elle utilise une canne les bons jours, et des béquilles quand la douleur est plus aiguë.

Jusqu'en 2009, Jacky avait droit aux allocations pour handicapés. Mais à la mort de ses parents, elle a hérité. Pas d'une somme gigantesque. Mais avec 60 000 livres (72 000 euros) sur son compte en banque, elle ne pouvait plus toucher ces aides, qui sont conditionnelles de l'épargne possédée par chacun.

De pactole, il n'y avait point, pourtant. Une bonne partie de l'argent a disparu dans le paiement de la maison de retraite où sa mère avait passé les six derniers mois de sa vie. Une autre a servi à la rénovation pressante de la maison familiale, construite par le grand-père de Jacky, de ses propres mains. De l'amiante a dû être retiré d'urgence. Restait une somme de 40 000 livres (50 000 euros), qu'elle a dépensée en deux ans, puisqu'elle n'avait pratiquement plus aucune aide.

Jacky redemande l'allocation handicapés en 2011. Mais le gouvernement a entre-temps durci les critères d'accès aux aides. L'évaluation de son infirmité est sous-traitée par l'entreprise française Atos, qui ne juge pas utile de lui faire passer un examen médical, se contentant de demander à son médecin traitant de remplir un formulaire. Le verdict tombe : refusé.

Jacky fait alors appel (en déboursant 50 livres pour avoir accès à son dossier !), mais sa demande est de nouveau rejetée. Cette fois encore, elle n'a pas droit à une visite médicale. « La bataille est constante. Tous les handicapés que je connais sont dans la même situation. Rien que ces deux dernières semaines, j'ai entendu parler de sept suicides. »

Atos – qui a fait l'objet d'une campagne de protestation des associations de handicapés – n'est qu'un élément des difficultés de Jacky. Parce qu'elle n'a pas droit à l'allocation handicapés, elle ne peut pas bénéficier de l'aide aux transports. Mais pour aller voir ses médecins à l'hôpital, elle doit prendre deux bus : impossible, avec ses douleurs au dos. Elle utilise un taxi, ce qui lui coûte 12 livres aller et 12 livres retour.

Parallèlement, les coupes budgétaires effectuées par la municipalité se multiplient. Son docteur conseille à Jacky d'aller à la piscine. Mais la seule accessible aux handicapés a fermé, et il lui faudrait désormais aller à presque cent kilomètres de là. Elle souhaiterait suivre une formation, mais les cours sont désormais payants. Jusqu'à l'an dernier, elle était exonérée de taxe foncière, mais, économies budgétaires obligent, les handicapés doivent désormais la payer à hauteur de 20 %. Face à son refus, elle est poursuivie en justice.

Chaque semaine est un peu plus difficile. « Mais j'ai de la chance : il me reste la solution de vendre ma maison. » Son logement, qui n'est pas connecté au réseau de gaz et est chauffé au charbon, ne vaut pas une fortune. Mais ce devrait être suffisant pour faire face quelques années.

Jacky est une battante. Du genre à participer à toutes les manifestations contre les coupes budgétaires, et à participer à la plupart des groupes locaux d'agitation politique. Mais le découragement l'atteint parfois. « La colère plutôt », corrige-t-elle.

Elle est amère contre le système : « On me saigne de toutes mes économies, jusqu'au bout. » Et après, quand il ne restera plus rien ? Elle refuse d'y penser, et s'est jointe depuis peu à un groupe qui étudie la possibilité de poursuivre en justice le gouvernement pour non-respect des droits de l'homme.

Au-delà de son cas, l'histoire de Jacky raconte le durcissement des esprits ces dernières années. David Cameron, le Premier ministre, l'a bien compris. Son discours met régulièrement en opposition « les familles qui travaillent dur » à ceux qui profitent du système. En juin 2012, il faisait un grand discours consacré à la question des allocations sociales.

« Prenez par exemple un couple qui vit hors de Londres. Lui est brancardier dans un hôpital, et elle aide-soignante dans une maison de retraite. Ils travaillent tous les deux à plein-temps et gagnent au total 24 000 livres (29 000 euros). Ils aimeraient avoir des enfants, et ils savent qu'ils auraient alors une aide de l'État. Mais entre leur prêt immobilier et les factures, ils pensent qu'il leur faut attendre plusieurs années afin d'économiser. Mais le couple de l'autre côté de la rue, qui a quatre enfants, n'a pas travaillé depuis des années. [...] Chaque année, il touche 27 000 livres par an. [...] Peut-on vraiment dire que c'est juste ? »

Cette rhétorique, qui n'est contredite par aucun des principaux partis politiques, oppose travailleurs et fainéants, personnes qui méritent et celles qui s'en mettent plein les poches sans rien faire.

L'exemple en question peut être débattu. Il soulève une question intéressante sur les limites de l'aide sociale. Mais sa répétition finit par complètement fausser la perception de la réalité. En moyenne, les Britanniques pensent que 43 % des allocations sociales du pays vont aux chômeurs ; la réalité est de 3 %. La majorité va aux retraités et à ceux qui ont un emploi, mais sont pauvres. Quand l'institut de sondage YouGov demande aux Britanniques d'estimer la part de la fraude dans les allocations, la réponse est de 27 % ; la réalité, selon les estimations du ministère du Travail, est de 0,7 %. Bref, le problème semble loin d'être aussi important que la rhétorique politicienne ne le suggère.

Le préjudice est suffisamment implanté dans les esprits pour devenir un excellent fonds de commerce pour des émissions de télévision racoleuses, au titre tapageur. *On Benefits and Proud* (« Aux allocations sociales et fier de l'être »), diffusée sur Channel 5, présente un cocktail parfait à heure de grande écoute : des chômeurs obèses dépensant leur argent en shopping ; une mère de famille aux dents abîmées qui a neuf enfants de trois pères différents ; des mères célibataires sans emploi en train de se faire faire une manucure… Sans doute pour ne pas être en reste, Channel 4 a répliqué avec sa propre émission, intitulée *Benefits Street* (« La rue des allocations sociales »). Le documentaire se concentre sur l'une des rues les plus pauvres du pays à Birmingham, et reprend le même discours. Il raconte notamment la vie de deux hommes, Fungi et Danny, aussi irrécupérables l'un que l'autre. Le premier est un ivrogne incapable de s'occuper de lui-même ; le second sort de prison et se vante d'avoir « 200 actes criminels » à son passif. Quelques heures après sa libération, il se lance dans une tentative de vol à la tire… et il finit quelques heures plus tard le nez plaqué par terre, arrêté par la police.

Le documentaire a provoqué une vaste polémique. Une pétition appelant à le retirer des écrans a attiré des dizaines de milliers de signatures, et Ofcom, le régulateur des médias, a recueilli plus d'un millier de plaintes. La critique ? En se concentrant uniquement sur ces cas sociaux, l'émission déforme la réalité. Mais l'attention démesurée qui leur est portée en dit long sur la vision de la société qu'ont les Anglais. Qui va parfois jusqu'à la dérive, comme l'agression verbale dont a été victime Kevin, insulté par son boucher parce qu'il était sans emploi. ■

UNE NATION MILITAIRE

Dans les bassins des fontaines de Trafalgar Square, des centaines de faux coquelicots en papier flottent. En ce 11 novembre, l'un des cœurs névralgiques de Londres s'arrête pour deux minutes de silence. Sur place, malgré le crachin glacé, se trouvent plusieurs centaines de personnes venues rendre hommage aux militaires décédés sur le champ de bataille.

Bill Yates n'aurait manqué ça pour rien au monde. Voilà quarante ans qu'il vient à chaque commémoration de la Grande Guerre. Aujourd'hui âgé de 79 ans, l'ancien chargé de communication d'une entreprise d'agriculture n'a rien d'un féru de la chose militaire. En revanche, avec son sens de l'autodérision, son blazer bleu marine, sa politesse tout en retenue, il incarne parfaitement l'Anglais conservateur bon teint. Pour lui, c'est une évidence : le respect envers l'armée s'impose. « Nous devons soutenir nos troupes, bien sûr. On peut ne pas être d'accord avec les guerres où ils sont envoyés, mais les soldats n'ont pas le choix. Je suis ici pour la mémoire de ceux qui sont morts, mais aussi de ceux qui meurent aujourd'hui en notre nom. »

Son propre père s'était battu pendant la Première Guerre mondiale. Il en a ramené des éclats d'obus logés dans la jambe. « Il n'allait jamais à aucune commémoration militaire, parce qu'il me disait : je sens tous les jours ma blessure, et ça me rappelle les deux hommes qui sont morts à mes côtés dans la même attaque. Mais moi, je lui dois ce devoir de mémoire. »

On ne badine pas avec l'armée en Angleterre. « Le poids culturel des forces armées est disproportionné au Royaume-Uni par rapport à la France. Et pourtant, les armées des deux pays sont engagées dans à peu près le même nombre de conflits », explique Pierre Purseigle. Président de la Société internationale pour les études de la Première Guerre mondiale, ce Français a une place idéale pour comparer l'importance des forces armées entre les pays. Il enseigne depuis une décennie dans différentes universités du Royaume-Uni, et il a passé également du temps à Yale, aux États-Unis. Il constate que là où la France organise des cérémonies militaires dans l'indifférence générale, le Royaume-Uni réussit à mobiliser beaucoup plus ses civils.

Il en veut pour preuve le coquelicot, symbole de la Première Guerre mondiale, qui est désormais un attribut presque obligatoire à porter au mois de novembre. Hommes et femmes politiques, présentateurs de la télévision, personnalités du show-biz : tous, pratiquement sans exception, arborent la petite fleur rouge au cœur noir au revers de leur veste dans les semaines qui précèdent le 11 novembre. La Royal British Legion, l'association caritative qui s'occupe des anciens combattants (un organisme très important et puissant en Angleterre) et organise la distribution des coquelicots, en vend 4 millions chaque année, avec l'aide de 350 000 volontaires. Difficile d'y échapper. Jon Snow, présentateur star de Channel 4, est l'un des rares à refuser de céder à la pression. Mais cela lui vaut chaque fois des critiques très virulentes. Pour se rattraper, il réplique qu'il refuse de mettre tout symbole à l'antenne, mais qu'il porte le coquelicot dans sa vie privée. Pas question de s'afficher antimilitariste…

Un autre exemple fascinant du respect anglais envers les militaires a été donné par Wootton Bassett. Cette bourgade de l'ouest de l'Angleterre se trouve à quelques kilomètres d'une base de la Royal Air Force. Entre 2007 et 2012, c'est là que les soldats britanniques morts en Irak et en Afghanistan (respectivement 179 et 453, chiffres de juin 2014) ont été rapatriés. Les corps étaient alors transportés jusqu'à une morgue locale, et les cercueils recouverts du drapeau de l'Union Jack traversaient la ville.

En apprenant l'existence de ces convois, des membres de la Royal British Legion ont décidé de leur rendre hommage, en s'alignant le long de la route. Progressivement, l'idée a fait boule de neige, jusqu'au moment où chaque rapatriement rassemblait plus d'un millier de personnes dans les rues, de façon quasiment spontanée. « Les soldats sont toujours perçus comme des victimes, jamais comme responsables de la guerre », note Pierre Purseigle.

Comment expliquer un tel attachement aux militaires ? Pour Bill Yates, c'est une évidence. « Nous n'avons pas été envahis depuis mille ans, à l'exception de Hong Kong et Singapour pendant la Seconde Guerre mondiale. Nous n'avons jamais subi cet affront. » (La perte de Singapour avait cependant été une débâcle traumatique.) Pour lui, l'armée est le garant de l'indépendance de la Grande-Bretagne. L'idée d'une île inviolée, courageuse face à l'adversaire, est essentielle dans la façon dont se voient les

Anglais. L'histoire militaire leur donne largement raison : les troupes de Sa Majesté n'ont pas essuyé de grave défaite depuis des siècles. Les Français en savent quelque chose : Trafalgar (1805) et Waterloo (1815) ont été des défaites majeures pour Napoléon.

Mais le vrai tournant a été la Seconde Guerre mondiale. Dans l'imaginaire collectif, l'Angleterre a résisté seule face aux troupes nazies, héroïque. Londres était bombardé, le Blitz faisait des ravages. Mais les habitants ont continué à vaquer à leurs occupations, arborant un flegme dont ils ont fait un mythe. Le vieux Winston Churchill, menant la guerre depuis son bunker, promettait « du sang, de la peine, des larmes et de la sueur », rejetant toute idée de négociation avec Adolph Hitler. Tout cela conforte les Anglais dans leur vision de bravoure et de sang-froid.

Il n'est pas question de réécrire l'histoire. Les Britanniques, et donc les Anglais, ont fait preuve d'un remarquable courage pendant la Seconde Guerre mondiale. Malgré des privations très dures, ils ont tenu. Mais la réalité est plus compliquée qu'il n'y paraît.

D'abord parce que les sympathies nazies existaient aussi outre-Manche, y compris aux plus hauts échelons de la société. Le roi Édouard VIII n'en est pas le moindre des exemples. Fin 1936, il abdique parce qu'il souhaite se marier avec sa maîtresse, Wally Simpson. Mais il est également proche du mouvement d'extrême-droite. En octobre 1937, il rend visite à Adolph Hitler, malgré l'opposition du gouvernement britannique de l'époque. « Son abdication a été une perte sévère pour nous », reconnaît le Führer.

Ensuite, les Britanniques n'ont pas été les seuls à résister. L'Union Soviétique a souffert un bilan humain bien plus important, et la bataille de Stalingrad a bien plus affaibli le

IIIe Reich que la bataille d'Angleterre. De même, le débarquement du 6 juin 1944 n'aurait pas pu avoir lieu sans la puissance américaine.

Enfin, et c'est une évidence, la Grande-Bretagne a la chance d'être séparée du continent européen par la Manche. Fin mai 1940, alors que les défenses françaises s'effondrent, les troupes britanniques réussissent l'exploit d'évacuer des centaines de milliers de soldats de Dunkerque. Mais cela n'aurait servi à rien sans cet obstacle géographique naturel.

Aucun de ces bémols ne change rien à l'affaire. La mémoire collective ne retient que le courage général, les talents militaires du vieux lion Winston Churchill, la solidarité de la future reine mère, qui reste à Londres avec ses filles (dont la future Elizabeth II) malgré les bombardements… « La France est sortie ambivalente de la Seconde Guerre mondiale, explique Pierre Purseigle. Alors que les Britanniques pensent que la Grande-Bretagne a sauvé la civilisation. » Les Anglais ont la certitude d'avoir été du bon côté de l'histoire.

Peter Kampton s'en rappelle comme si c'était hier. Aujourd'hui âgé de 94 ans, ce vétéran de la Seconde Guerre mondiale s'est enrôlé dans l'armée en juin 1940. « C'était une évidence à l'époque. Ceux qui ne le faisaient pas recevaient par la poste une plume blanche dans une boîte, un symbole de lâcheté. » Entré dans la Royal Air Force, il est devenu pilote des légendaires Spitfire, ces petits avions de combat extrêmement agiles. Rapidement, il est posté en Afrique du Nord, et participe à la bataille d'El-Alamein en 1942. Les Allemands, qui menaçaient Alexandrie et le canal de Suez, sont repoussés.

Tout ça est loin pour lui aujourd'hui, d'autant qu'il a ensuite passé trente-quatre ans dans la RAF, posté notamment en

Birmanie pour lutter contre les Japonais, en URSS en pleine guerre froide, à Chypre, en Iran… Sa vie mériterait un roman. En Birmanie, il a contracté la malaria et la dysenterie. À Moscou, il a rencontré sa future femme en 1951, une secrétaire à l'ambassade d'Australie. Leur lune de miel s'est déroulée dans un village russe, peu après la mort de Staline.

Aujourd'hui, sa femme est décédée depuis longtemps, et il vit seul dans son appartement qu'il a du mal à chauffer, faute d'argent. Il sort avec fierté sa boîte de médailles militaires, qui déborde de partout. Bien sûr, ce militaire de carrière trouve qu'il n'y a pas assez de respect pour les vétérans. « Les gens ne portent pas tant que ça le coquelicot dans mon quartier. » Mais il reconnaît que le respect envers l'armée est très profond. Et surtout, lui qui a fait le tour du monde et a assisté aux parades militaires des pires dictatures, est fier du caractère réservé des cérémonies britanniques. Voir les coquelicots rouges arborés par tous, les vétérans fièrement au garde-à-vous, la reine qui vient célébrer l'événement, tout ça lui semble très émouvant. « C'est une preuve de solidarité beaucoup plus touchante que tous les défilés machos qu'on peut voir en Corée du Nord ou en URSS. » À sa manière, derrière une retenue polie, l'Angleterre sait faire vibrer la fibre militaire. ■

L'OBSESSION MALADIVE DU SYSTÈME DE SANTÉ

L'affaire a provoqué un sursaut de dégoût à travers le Royaume-Uni. Quand Bella Bailey, 86 ans, a été admise à l'hôpital de Stafford, dans le centre de l'Angleterre, en septembre 2007, pour d'importants problèmes gastriques, sa fille Julie y a découvert avec effarement un chaos indescriptible. Sa mère a d'abord été envoyée dans le mauvais service ; puis le personnel médical a « oublié » de lui administrer ses médicaments ; enfin, l'oxygène dont elle avait besoin n'était pas disponible.

Jusqu'au jour fatidique où une infirmière l'a fait tomber de son lit en tentant de la déplacer. Le choc au cœur a été violent pour la vieille dame, mais aucun médecin n'est venu la voir pendant plusieurs jours. « Ils essaient de me tuer », confie alors la vieille dame. Elle décédera quelques jours plus tard. Julie Bailey en est aujourd'hui persuadée : « L'hôpital a tué ma mère. »

Le plus grand scandale de l'histoire récente du système de santé britannique avait débuté. En colère, celle qui tient un petit café à Stafford commence à se renseigner. Elle découvre rapidement des dizaines d'histoires similaires à celle de sa mère. Ensemble, les victimes créent un groupe de pression, *Cure the NHS* (« Soigner le système de santé publique »). Leur campagne finit par forcer le gouvernement de l'époque à commander une enquête publique.

Deux énormes rapports plus tard, en 2009 et en 2013, la vérité est connue dans toute son horreur. À l'hôpital de Stafford, des patients immobilisés étaient obligés de se désaltérer avec l'eau du vase des fleurs parce qu'on ne leur apportait pas à boire ; d'autres étaient laissés dans des draps souillés d'excréments pendant de longues heures ; d'autres encore n'étaient pas nourris. La qualité des soins y était catastrophique : la mortalité « excessive » à l'hôpital de Stafford est estimée entre 400 et 2 200 décès sur quatre ans, même s'il est impossible de savoir exactement combien de patients auraient pu être sauvés.

L'affaire pourrait relever du simple fait divers atroce, si elle ne révélait pas un problème plus fondamental du système de santé britannique. Dans la conclusion de son rapport de 8 800 pages, Robert Francis, un avocat qui a passé quatre années en charge de l'enquête, estime que c'est la « culture » même du système qui est en cause. Il décrit des établissements hospitaliers où l'intérêt des patients a été perdu de vue, au profit d'une machine administrative qui travaille pour elle-même. Il s'agit de remplir des objectifs chiffrés, dans un financement limité. Jamais la qualité des soins, sans même parler du confort des patients, n'est au centre des préoccupations. Après Stafford, quatorze autres hôpitaux ont été placés sous le coup d'une enquête pour mortalité excessive.

Ce système a un nom : National Health Service, NHS. Ces trois petites lettres, inscrites en blanc sur fond bleu, sont utilisées dans le langage courant au Royaume-Uni pour désigner son docteur, son hôpital, le personnel soignant… Elles sont au centre des conversations, des déjeuners en famille, des réunions entre collègues. Le système est en permanence dans les médias et le débat public.

Au Royaume-Uni, la santé est entièrement gratuite pour tous. Les patients n'ont jamais à avancer un centime. En revanche, le système est peu flexible. Chacun doit s'inscrire auprès de son médecin référent, qui doit être celui de son quartier. C'est ce dernier qui peut ensuite envoyer un malade voir un spécialiste, généralement dans un hôpital. Le système est centralisé. L'organisation est un mastodonte de 1,4 million de personnes : le cinquième plus important employeur au monde. Les temps d'attente sont longs, souvent de plusieurs mois. Bref, le NHS est gratuit, mais il faut faire la queue pour un service inégal : en forçant le trait, la santé britannique ne serait pas sans rappeler un régime communiste.

Quelle ironie au pays des privatisations ! Depuis la révolution thatchérienne des années 1980, toutes les grandes entreprises publiques ont été nationalisées : eau, électricité, chemins de fer, mines… Le NHS est la grande exception, qui relève de l'obsession nationale. Quand le cinéaste Danny Boyle a réalisé la cérémonie d'ouverture des Jeux olympiques, il a créé une série de tableaux vivants racontant la Grande-Bretagne : un charmant village médiéval, l'arrivée des cheminées des usines symbolisant la révolution industrielle, la royauté avec la reine sautant d'un hélicoptère, la musique pop… Entre ces tableaux, plutôt réussis, le monde entier a contemplé, perplexe… des enfants sautant sur des lits d'hôpital. « Pour tous ceux qui sont nés et ont grandi en Grande-Bretagne, cela semblait naturel. Mais depuis le bar d'un hôtel en Turquie d'où j'ai regardé la cérémonie, c'était franchement étrange », raconte Roger Taylor, auteur du livre *God Bless the NHS* (Faber and Faber, 2013, non traduit).

Si Danny Boyle a tenu à célébrer le système de santé, c'est que celui-ci tient une place à part outre-Manche. « Le NHS est ce que les Anglais ont de plus proche d'une religion nationale », a lancé un jour Nigel Lawson, un ancien chancelier de l'Échiquier. « Les Britanniques pensent que le NHS est une organisation qui a une influence mondiale, poursuit Roger Taylor. […] (Il) fait partie de notre histoire nationale, de notre mythe national. Nous pensons que cela dit quelque chose d'important de nous. »

Le mythe remonte à 1945. Le pays est alors à genoux au lendemain de la guerre. Une génération de dirigeants décide de construire un monde meilleur. Ils se fondent sur les travaux de l'économiste William Beveridge, qui a proposé trois ans plus tôt la création d'une sécurité sociale. Sous la houlette du Premier ministre travailliste Clement Atlee, le gouvernement nationalise à tour de bras : les mines, les chemins de fer, l'acier, la banque d'Angleterre, le téléphone… En 1948, Aneurin Bevan, le ministre – gallois – de la Santé, suit le mouvement en créant le NHS. Les soins deviennent gratuits pour tous. À l'époque, c'est révolutionnaire. Quelques rares pays avaient introduit un système plus ou moins similaire, y compris l'Allemagne (dès 1883).

Mais le Royaume-Uni n'en demeure pas moins un pionnier. Dans son documentaire, *L'Esprit de 45*, le cinéaste Ken Loach chante les louanges de cette période. « Avant, il fallait payer le docteur cinq shillings pour qu'il franchisse le seuil de la maison, se rappelle dans le film June Haulot, 76 ans. Ma sœur aînée et moi, nous nous occupions de ma mère, mais du jour au lendemain, quand le NHS est arrivé, nous n'avions plus à le faire. Une infirmière du district est arrivée. C'était absolument formidable. »

Le documentaire, un long collage de documents de l'époque et d'interviews de personnes qui ont connu cette période, frise le manichéen. Pour Ken Loach, la période d'après 1945 a été un souffle joyeux de solidarité, qui a pris fin en 1979 avec l'élection de Margaret Thatcher. D'après lui, pourquoi est-ce que la Dame de fer n'a pas osé toucher au NHS ? « La santé est la plus réussie des nationalisations, explique Ken Loach. Tout le monde y va, tout le monde en a une expérience directe. Alors que la solidarité envers les grandes entreprises nationales était limitée. »

Le témoignage de Ken Loach souligne une vérité essentielle : les Britanniques vivent le NHS comme un symbole de civilisation. Ils répètent à qui veut l'entendre qu'ailleurs les malades ne sont soignés que s'ils présentent leur carte de crédit dans un premier temps. Ils oublient bien sûr que leur système n'a plus rien d'exceptionnel : toute l'Europe et une bonne partie du reste du monde fournissent une couverture santé universelle. Mais ils ont en tête le système américain, qui est longtemps resté l'exception jusqu'à la réforme (en cours) de Barack Obama.

Derrière le fétichisme du NHS pourtant, le système actuel montre de sévères limites. Les dérives de l'hôpital de Stafford le prouvent. Les listes d'attente pour avoir accès aux soins, même si elles ont reculé pendant les années travaillistes (1997-2010), grâce à un énorme effort budgétaire, demeurent un point noir. Mais Julian Le Grand, économiste de la santé à la London School of Economics, estime que les résultats sont acceptables. « Les Britanniques ont tendance à penser qu'ils ont le meilleur système au monde, ou le pire système au monde. Pourtant, en termes de santé, les résultats sont dans la moyenne européenne. L'hystérie autour du NHS, en bien ou en mal, n'est pas justifiée. »

Elle en dit long en revanche sur la façon dont les Britanniques se considèrent. Pour eux qui ont lancé les privatisations, et qui n'hésitent pas à être durs contre les plus pauvres, il est extrêmement important d'avoir ce symbole de solidarité au sein de la société. ■

PARTIE IV

UN PEUPLE SI CIVILISÉ : QUELQUES PREUVES

L'HUMOUR, CETTE CARAPACE

Les Anglais ne sont pas drôles. Pas vraiment. Ni plus ni moins qu'un autre peuple, en tout cas. On ne passe pas son temps en Angleterre à se bidonner et à échanger des blagues. Il y a des Anglais au sens de la répartie fulgurant, et d'autres qui n'ont aucun esprit. Des grincheux et des fantaisistes. Des rigolos et des sérieux. Des pince-sans-rire subtils à la Monty Python et des clowns lourdingues à la Benny Hill.

Et pourtant, existe-t-il un autre peuple qui se définisse autant par l'humour ? S'il est un cliché entretenu par les Anglais eux-mêmes, c'est bien leur sens de l'humour. C'est l'une des principales caractéristiques qu'ils mettent en avant. Ils s'en disent fiers, et c'est pour eux une qualité essentielle.

Kate Fox est anthropologue et elle pense avoir percé le mystère de l'humour anglais. Elle est l'auteur de l'un des livres récents les plus connus sur les Anglais : *Watching the English*, paru aux éditions Hodder en 2004. Sa conclusion est qu'au cœur de ce peuple, dont elle est un spécimen typique, se trouve une caractéristique incontournable : un « malaise social ». Un Anglais ne sait pas comment se comporter socialement envers les autres. Il est en permanence gêné, troublé, intimidé, ne sait pas où se mettre, s'il faut faire la bise ou serrer la main, parler de la pluie ou du beau temps. « Heureusement, pour se protéger de cette gaucherie, il y a l'humour », affirme-t-elle. L'humour serait donc un cache-sexe des émotions, une armure contre le reste de la société.

Il faut rencontrer Kate Fox pour vraiment la comprendre. Elle est un exemple notoire de cet humour utilisé sous forme de protection face à la société. Elle arrive ce jour-là légèrement en retard pour parler de son livre à un groupe de journalistes étrangers. Très grande et très mince, elle porte une minijupe en velours vraiment très mini, une paire de collants avec des motifs bariolés aux couleurs vives, de hautes bottes de cuir malgré la chaleur de cette belle journée de printemps, et une grosse casquette à la gavroche sur la tête : s'il fallait tomber dans les clichés, Kate Fox serait indiscutablement dans la catégorie « Anglaise excentrique ».

Première étape, elle raconte d'un air distrait qu'elle s'est perdue en chemin et qu'elle a dû appeler son mari pour retrouver sa direction. Puis elle se présente, pleine d'autodérision. « Les anthropologues sont considérés comme l'une des formes de vie sur terre les plus basses. Quant aux anthropologues qui s'intéressent à la culture populaire plutôt qu'à une tribu d'Afrique reculée, ils sont jugés bien pires. » Comme une excuse de s'être intéressée aux Anglais, elle continue : « J'aime les sanitaires propres et le confort, et je n'avais aucune envie d'aller étudier une tribu dans une forêt reculée. » À la voir frêle et manucurée, on imagine bien qu'il doit y avoir une parcelle de vérité dans son explication. Mais personne n'est vraiment dupe. Kate Fox a écrit un best-seller qui s'est vendu à un demi-million d'exemplaires. Elle est consciente que son auditoire le sait. Mais c'est drôle, raconté avec beaucoup d'ironie, et pour qui ne connaît pas l'Angleterre, cela pourrait presque passer pour de l'humilité.

C'est d'ailleurs une autre règle cardinale des Anglais, d'après elle : ne jamais donner l'impression de se vanter. Il est possible de faire connaître ses succès, mais il faut le faire en donnant l'impression de dire le contraire. Pour ça, une seule solution : l'humour et l'autodérision.

D'où sa deuxième étape : faire semblant de dire du mal d'elle-même, avec le sourire. « Je sais que ça va ressembler à de la fausse modestie typiquement anglaise, mais j'ai été vraiment surprise que *Watching the English* soit devenu un best-seller. Et je reste stupéfaite de sa popularité. Les habitants de cette île petite, détrempée et énigmatique ne sont pas très intéressants. » Et voilà comment glisser, l'air de rien, que son livre a eu un très grand succès…

Kate Fox devient sérieuse pour un moment et précise que si le succès a été au rendez-vous, c'est probablement parce qu'elle a… rempli son livre d'humour. « J'ai respecté une des règles fondamentales des Anglais, celle que j'appelle : "l'importance de ne pas être sérieux". » C'est parce que le livre ne paraît pas se prendre au sérieux qu'il a été applaudi, selon elle. « Les Anglais n'ont pas le monopole international de l'humour, mais ce qui est différent est à quel point l'humour est présent partout. Son importance dans la vie quotidienne et la culture est suprême, écrit-elle dans son livre. […] Pour les Anglais, l'humour est une constante qui va de soi : il y a toujours un arrière-fond d'humour. […] L'humour est notre mode "par défaut". C'est comme respirer, on ne peut pas s'en passer. »

Troisième étape : Kate Fox fait passer le message clé de son livre, enrobé dans une coquille d'humour acidulé. Quelle est donc ce « malaise social » dont souffriraient les Anglais ? « On le voit quand quelqu'un entre dans un train et se rend soudain compte qu'il n'a rien à lire. Pour éviter à tout prix de rencontrer le regard de quelqu'un d'autre, nous faisons tout ce que nous pouvons. J'ai déjà vu des gens lire un papier de bonbon. » Heureusement, aujourd'hui, les réseaux sociaux et les smartphones sont arrivés. « C'est un don du Ciel pour les Anglais : on peut enfin discuter sans avoir besoin de soutenir un regard, ni se demander s'il faut faire une ou deux bises et sans la moindre interaction humaine. »

Mais attention, rien de tout cela ne fait des Anglais des boute-en-train. Bien au contraire. L'humour sert de défouloir et est volontiers caustique. « On dit que les Anglais utilisent la satire à la place des révolutions violentes ou des soulèvements. Ça donne l'impression qu'on est inoffensifs… jusqu'à ce qu'on voie à quel point notre satire peut être vicieuse. » ■

HOME, SWEET HOME

En 1758, quand l'écrivain Samuel Johnson publia *Le Paresseux*, il écrivit cette phrase qui demeure aujourd'hui encore l'une des plus citées de son œuvre : « Il est habituellement observé que quand deux gentlemen anglais se rencontrent, leur première discussion est le temps qu'il fait ; ils s'empressent de se dire ce qu'ils ne sauraient ignorer, à savoir qu'il fait chaud ou froid, ensoleillé ou nuageux, venteux ou calme. »

Ah, la pluie et le beau temps… Commençons par briser un mythe : il ne pleut pas tant que ça en Angleterre. La pluviométrie annuelle moyenne est de 557 mm à Londres, ce qui est moins qu'à Paris, avec 637 mm. En revanche, l'ensoleillement y est plus rare qu'à Paris. Bref, il fait souvent gris, mais il pleut rarement à verse dans la capitale britannique.

Le temps qu'il fait est donc « dramatiquement non dramatique », pour reprendre l'expression de Jeremy Paxman, auteur d'un livre sur les Anglais. Et pourtant, lui comme les autres le constatent : quand deux Anglais se retrouvent, ils parlent météo. Avec une règle de base : ne jamais être trop content ni trop mécontent. « Un peu frais aujourd'hui » se doit d'être suivi d'une phrase pour mitiger l'observation, par exemple : « C'est quand même plus agréable comme ça. » Et s'il fait beau (si, si, ça arrive !), il sera de bon ton d'ajouter : « Mais quelle chaleur ! »

Bref, la météo n'est pas spectaculaire, et en plus, le dialogue a tendance à être en demi-teinte. Voilà qui fait des discussions passionnantes et animées… L'explication n'est pas à chercher dans le ciel anglais. La discussion est faite pour briser la glace et le « malaise social », dont Kate Fox parle si bien dans le précédent chapitre.

D'autant que la météo est une excellente façon d'en savoir plus sur votre interlocuteur. Son accent permettra non seulement de situer son origine, mais aussi sa classe sociale (les accents sont très localisés en Angleterre). Au passage, il sera peut-être possible de déterminer s'il a une maison avec un jardin ou un simple appartement (ô horreur !).

Et cela permet de passer en toute discrétion au second sujet qui passionne les Anglais : la maison. Autant la météo est un prétexte, autant il s'agit cette fois-ci d'une véritable obsession nationale. Pas un déjeuner bourgeois qui ne dérive tôt ou tard sur les prix immobiliers ; pas un jeune couple qui n'évoque la possibilité d'acheter leur premier logement ; pas un gouvernement qui n'encourage à la propriété.

En partie, l'obsession est conjoncturelle. Les prix immobiliers flambent depuis le début des années 1990. Même pendant la grande récession des années 2008-2013, la baisse n'a été que modérée et, à Londres, il ne s'est agi que d'une pause. Il faut désormais débourser des sommes astronomiques pour se loger. Les agents immobiliers sont à tous les coins de rue. Les heureux propriétaires ont l'impression d'être riches, ce qui modifie leur comportement, et les exclus se désespèrent de pouvoir un jour « grimper l'échelle immobilière », pour reprendre l'expression anglaise consacrée. Dans ces conditions, l'accès à la propriété privée est nécessairement une préoccupation nationale.

Le phénomène est relativement récent. Au début du XXe siècle, seul le quart de la population était propriétaire. Aujourd'hui, le taux atteint environ 65 %, après un pic de 70 % avant la crise. Le tournant est arrivé en 1980. Margaret Thatcher, élue l'année précédente, offre aux locataires des logements sociaux le droit de les acheter. Pour un prix défiant toute concurrence, des millions de gens peuvent soudain devenir propriétaires.

Cette politique a eu un effet énorme. Politiquement, une grande partie de la classe populaire et de la petite bourgeoisie a applaudi la Dame de fer, se félicitant de pouvoir enfin appartenir à la catégorie des « possédants ». Mais dans le même temps, les mairies n'ont pas construit de nouveaux logements sociaux, d'autant qu'ils vendaient leurs HLM à prix cassés et n'avaient pas les finances nécessaires pour lancer de nouveaux chantiers. Trois décennies plus tard, le Royaume-Uni manque donc cruellement de logements, ce qui explique en partie l'explosion des prix.

L'obsession immobilière est cependant plus profonde qu'une simple bulle spéculative. *« An Englishman's home is his castle »*

(« La maison d'un Anglais est son château ») n'est pas un dicton anglais pour rien. Un livre de petits poèmes enfantins, de 1909, le dit encore mieux : « Les Allemands vivent en Allemagne, les Romains vivent à Rome, les Turcs vivent en Turquie, mais les Anglais vivent chez eux. » La maison remplacerait ainsi le territoire.

L'explication se trouve une nouvelle fois dans le « malaise » anglais. Si l'humour est nécessaire pour faire passer les messages, si la météo aide à briser la glace, c'est notamment à cause d'un besoin primordial de respect de la vie privée. Chacun fait ce qu'il veut chez lui, une fois les rideaux tirés. Et personne d'autre n'a besoin d'en savoir quoi que ce soit. Il est malpoli de poser trop de questions sur la vie de chacun.

Cela donne des paradoxes comme ce couple étranger qui a habité une dizaine d'années dans un même appartement à Londres. Leurs voisins, très polis, leur ont à peine adressé la parole pendant cette période. Mais quand ils ont annoncé leur départ, ceux-ci en avaient presque les larmes aux yeux. Ils s'étaient non seulement habitués à leur présence, mais semblaient la trouver agréable. Jamais pourtant il n'aurait paru convenable de les inviter chez eux. La maison des Anglais n'est pas toujours un château, contrairement au dicton, mais tous lèvent le pont-levis. ■

PAPARAZZI PAS RASÉS

La conséquence logique de cette vie privée bien rangée derrière leurs bow-windows est que les Anglais sont de grands amateurs de ragots. Ils passent leur temps à regarder derrière les rideaux, discrètement, pour voir ce qu'il se passe chez le voisin. On murmure sa désapprobation, en silence, en sirotant un mug de thé au lait.

Le champ était fertile pour les tabloïds. Et malgré les difficultés récentes de la presse, ceux-ci demeurent particulièrement féroces en Angleterre. En 2014, le *Sun* publiait encore plus de 2 millions d'exemplaires par jour. Le *Daily Mail* était juste en dessous, à 1,7 million, tandis que le *Daily Mirror* en vendait presque 1 million quotidiennement.

Tous les jours, au pays qui se dit fier de sa décence et de sa civilité, la presse descend dans le caniveau. Au menu, la vie des célébrités, des plus obscures aux plus connues, sous toutes leurs coutures, et un mélange de sport, de jeux, de politique partisane et de « scandales » plus ou moins montés en épingle.

Le vrai scandale a cependant été révélé : la façon dont cette presse travaille. Entre 2011 et 2014, l'affaire *News of the World* a étalé sur la place publique une culture d'écoutes téléphoniques, de corruption de policiers, de chantage… Et tout ça pour quoi ? Pour raconter quelques ragots sur les starlettes du moment, ou encore pour écrire que le prince William s'était blessé au genou et avait pris rendez-vous avec un chirurgien.

C'est en effet de cette façon qu'a commencé l'affaire. En 2005, l'héritier à la Couronne ne comprend pas comment ce rendez-vous avec un médecin a pu fuiter dans *News of the World*, un tabloïd dominical. Il finit par en conclure que sa messagerie téléphonique devait être sur écoute et il prévient la police. Début 2007, Clive Goodman, le reporter en charge des affaires royales au journal, est condamné à quatre mois de prison pour avoir réalisé ces écoutes illicites. Le groupe de presse de Rupert

Murdoch, le propriétaire du journal, affirme cependant qu'il s'agit d'un mouton noir, isolé.

C'était faux. La pratique des écoutes téléphoniques était généralisée à *News of the World*, et très probablement à l'ensemble des tabloïds. Ces journaux recrutaient des détectives privés, qui effectuaient leurs basses œuvres pour eux. L'un d'entre eux, Steve Whittamore – qui a été condamné à deux ans de prison avec sursis – utilisait couramment la corruption pour payer ses sources : des policiers, des fonctionnaires au bureau d'enregistrement automobile, des employés dans les compagnies téléphoniques… Lors de son arrestation, la police a trouvé des requêtes venant de 305 journalistes différents, de tous les journaux ou presque : *Daily Mail*, *News of the World*, *Daily Mirror*…

Ce n'était rien en comparaison du scandale qui allait éclater. En 2011, le *Guardian*, quotidien qui dénonce les abus des tabloïds, révèle que *News of the World* a réalisé des écoutes sur de simples victimes de faits divers. C'était le cas de l'adolescente Milly Dowler, une adolescente de 13 ans, disparue en 2002. Alors que son sort était inconnu – elle a finalement été assassinée –, le journal écoutait la messagerie de son téléphone, publiant les détails de l'enquête. Si le public était prêt à pardonner les tabloïds quand leurs cibles étaient puissantes ou connues, il s'est montré cette fois-ci très sévère. Il a réagi avec un haut-le-cœur généralisé, qui a mené quelques jours plus tard à la fermeture définitive du *News of the World*.

L'affaire s'est close mi-2014, avec la condamnation d'Andy Coulson, ancien rédacteur en chef de *News of the World*, qui était devenu conseiller en communication du Premier ministre David Cameron. Rebekah Brooks, véritable personnage à la

Shakespeare, amie des riches et des puissants, également ancienne rédactrice en chef, a été blanchie, faute de preuves.

Si les tabloïds avaient des pratiques illégales et moralement condamnables, celles-ci n'auraient cependant pas été possibles sans leur énorme lectorat. Pourquoi donc les Britanniques sont-ils ainsi fascinés par cette presse de caniveau ? « Qu'est-ce qui a créé cette bête qui harcèle les puissants et les personnalités connues et écrase les citoyens ordinaires ? » s'interroge Charlie Beckett, professeur à la London School of Economics.

Il répond que l'explication est en partie industrielle. Les journaux britanniques sont devenus nationaux très tôt, parce que leur distribution par train était rapide et efficace. Quelques grands groupes basés à Londres ont donc pu se développer, écrasant les autres, et la concurrence entre eux a été sévère, avec une course au scoop. À cela s'est ajoutée une série de propriétaires très idéologiques, qui ont utilisé les tabloïds pour faire passer leurs idées politiques de façon manichéenne. L'Australien Rupert Murdoch, qui a acheté *News of the World* en 1969 – puis le *Sun* et le *Times* – n'en est que le dernier exemple. Avant la Seconde Guerre mondiale, le philosophe R.G. Collinwood regrettait déjà que le *Daily Mail* présente l'actualité comme « un spectacle ». Mais Charlie Beckett estime que la raison profonde est plus sociologique, parlant d'un « appétit pour la chair nue et l'intrusion de la vie privée » chez les Anglo-Saxons.

Et pourtant, comme l'immense majorité des médias britanniques, il défend l'utilité des tabloïds. « C'est une partie vitale de la liberté de la presse en Grande-Bretagne », estime-t-il. Pour lui, toute démocratie a besoin de journalistes qui grattent là où ça fait mal, qui enquêtent, qui sont malpolis et qui ne respectent pas le consensus. « Le journalisme a besoin de mener campagne, d'enquêter, de se “battre”, mais avant tout il doit divertir, sinon il perd notre attention. » En d'autres termes, les excès, bien qu'illégaux, sont nécessaires.

En cela, l'incrédulité des journalistes britanniques face au traitement de la vie privée de François Hollande est intéressante. Aucun, y compris à la respectable BBC, ne pouvait comprendre la timidité de leurs confrères français à parler des révélations apportées par le magazine *Closer* et de l'affaire du président français avec l'actrice Julie Gayet.

Quelques jours après que l'affaire a éclaté, Jon Sopel, un présentateur de BBC World, était à l'antenne pendant la conférence de presse du président français. À sa stupeur, les questions des journalistes tournaient autour de ses projets de réforme économique, pas de sa vie privée. Hors antenne, le Britannique s'arrachait les cheveux, discutant avec son rédacteur en chef de l'intérêt de continuer à transmettre en direct la conférence de presse ou pas. Pour lui, il était inconcevable de ne pas attaquer le premier élu de France sur ce sujet. « Il a menti à sa femme. Il faut lui demander si on peut encore croire ce qu'il dit aux Français », s'agaçait-il. Jon Sopel n'est pourtant pas du genre tabloïd : il a été correspondant à Paris, était basé au Koweït pendant la guerre en Irak et a été reporter politique. Mais pour lui, pas de doute : la vie privée des dirigeants politiques – ou de toute personne célèbre – fait partie du jeu.

Cette vision permet une transparence très saine. Difficile d'accuser les journalistes britanniques de faire du copinage avec la classe politique. Le contraire serait vrai : ils exagèrent et amplifient la moindre crise. C'est parfois fatigant. Le revers de la médaille est la presse de caniveau. Mais cela permet une démocratie saine. Et surtout, cela donne libre cours au voyeurisme de la vie privée. ■

LA RÉDEMPTION PAR LE JARDINAGE

Il y a des scènes qui ne s'inventent pas. Ce groupe endimanché – robes à fleurs pour les dames, blazers bleu marine et pantalons beiges pour les hommes – est de celles-là. Un verre de champagne à la main, tous se trouvent au centre d'un magnifique jardin, sur une petite île artificielle. Autour d'eux, de l'eau s'étend jusqu'à des fleurs multicolores qui en sont à leur épanouissement le plus majestueux. Sur l'eau, quelques dalles volontairement disjointes permettent de rejoindre la terre ferme, offrant le spectacle hilarant de cette foule chic et choc en équilibre sur des talons hauts ou en souliers vernis, flûte en cristal à la main, en train de traverser avec grande prudence. Malheureusement, personne ne terminera dans l'eau…

Le Chelsea Flower Show est un événement incontournable en Angleterre. Ce rendez-vous horticole, dans l'un des quartiers les plus chics de Londres, est unique au monde. En partie pour ses fleurs et ses plantations, exceptionnelles : sur plusieurs hectares, en plein centre-ville, les meilleurs arboriculteurs présentent des jardins splendides, dans un concours très prestigieux. Chacun y va de son thème : un jardin à la Beatrix Potter, copiant les dessins du livre pour enfants *Peter Rabbit* ; un autre reproduisant une tranchée de la Première Guerre mondiale, pour commémorer le centenaire de la Grande Guerre ; le pavillon thaïlandais, pièce majeure chaque année, débordant d'orchidées multicolores…

Mais le Chelsea Flower Show est avant tout un rendez-vous hautement mondain. « C'est au jardinage ce que Wimbledon est au tennis, explique Alison Gooding, qui travaille pour la Royal Horticultural Society. C'est l'endroit où il faut être vu. »

L'événement est chaque année ouvert par la reine en personne, qui adore cela. Tout ce que Londres compte de *people* débarque, pour s'extasier plus ou moins faussement devant les petites fleurs. Suivant les années, on y croise les acteurs Rowan Atkinson et Benedict Cumberbatch, l'écrivain et présentateur de télévision Stephen Fry, les mannequins Jerry Hall et Lily Cole… Le *Daily Telegraph*, le grand quotidien conservateur, y expose son propre jardin et y consacre des pages entières. Le salon est sponsorisé depuis des années par une entreprise de gestion de fortune. Gucci, Dior et Chanel ont toutes les trois déjà présenté leur propre jardin.

Le Chelsea Flower Show, qui se déroule fin mai, est l'ouverture de la « saison sociale » anglaise. Pendant deux mois, une série d'événements tous plus huppés les uns que les autres se succèdent. Il y a la course de chevaux d'Ascot, où chapeaux extravagants et queues-de-pie font partie du protocole obligatoire. La régate royale de Henley, course d'aviron sur la Tamise, suit peu après (tenue pour les femmes : « Les jupes ou robes doivent descendre jusqu'aux genoux et aucun pantalon n'est autorisé. ») Elle se termine en août avec la semaine de Cowes, une régate nautique sur l'île de Wight, juste en face de Portsmouth. Fraises (anglaises) à la crème, Pimm's (boisson alcoolisée qui se boit avec des fruits, comme une sangria) et champagne y sont incontournables.

Aujourd'hui, cette saison sociale s'est ouverte à toutes les classes sociales. Si l'enclos royal à Ascot demeure exclusif, les tribunes sont remplies de jeunes gens qui « jouent » à faire chic : les femmes ont sorti les chapeaux extravagants et de (très) hauts talons, les hommes mettent des cravates très larges et des hauts-de-forme. On mimique l'aristocratie, avec une excellente excuse pour boire des quantités impressionnantes de champagne.

L'origine de ces rendez-vous mondains remonte au XVIIIe siècle. De retour de la saison de la chasse, la famille royale avait pris l'habitude de résider à Londres de mai à juillet. La cour et l'aristocratie la suivaient, et organisaient des bals de débutantes, dans l'espoir de trouver un bon parti pour leurs enfants. Les bals ont depuis longtemps disparu, et les mariages des jeunes filles ne sont plus arrangés dans les arrière-salles, mais la saison sociale est restée étonnamment présente.

Le fait que tout cela commence par une ode au jardinage en dit long sur les Anglais. Ceux-ci ont une relation particulièrement étroite à la nature. Là où le cliché de la haute société française est incarné par le Parisien à la terrasse d'un café, son équivalent anglais est le *gentleman-farmer*. Il s'agit de caricatures, bien sûr, mais qui touchent du doigt une certaine vérité.

Dans les banlieues prospères du Surrey, au sud de Londres, l'importance du jardinage saute aux yeux. Il faut savoir mettre la main à la terre. Entre voisins, un jeu subtil de concours de jardins se déroule. Pas question d'avoir une pelouse trop manucurée et des plantes taillées impeccablement : tout doit paraître très légèrement sauvage, avec juste ce qu'il faut de désorganisation. Et l'air de rien, il faut glisser bien en vue une fleur un peu plus rare, qui ne sera reconnue que des experts. De même, avoir un peu de terre sous les ongles, négligemment, est un badge de fierté.

Peu importe que le Surrey ne soit plus vraiment rural depuis bien longtemps. La région est devenue une banlieue chic de Londres, où les maisons se vendent des millions de livres sterling. Et les jardins y sont absolument essentiels.

L'Angleterre se berce de l'idée d'être un pays de collines vertes et paisibles. En grande partie, c'est faux : l'immense majorité des habitants vit dans les villes et leurs banlieues. Mais le mythe demeure. Dans les années 1920, quand le Premier ministre Stanley Baldwin a voulu décrire son pays, il s'est lancé dans cette diatribe : « Quand je me demande ce que je veux dire en parlant d'Angleterre, (je pense) aux tintements du marteau sur l'enclume chez le forgeron, au râle des genêts (une sorte d'oiseau, Ndlr) une matinée couverte de rosée, au son de la faux contre la pierre à aiguiser et à la vue des laboureurs passant au sommet de la colline, la vision de l'Angleterre depuis que l'Angleterre est une terre [...], la vision éternelle de l'Angleterre. »

À l'époque déjà, la vaste majorité des Anglais ne connaissait pas cette vision champêtre. La révolution industrielle avait débuté plus d'un siècle plus tôt et le nombre de citadins avait dépassé celui des ruraux dès le milieu du XIXe siècle.

Le cantique *Jerusalem*, déjà plusieurs fois évoqué dans ce livre, se fonde sur la même vision. Ce poème de William Blake, mis en musique en 1916, pleure la perte des « montagnes vertes d'Angleterre » et de ses « plaisants pâturages ». À la place, des « manufactures sataniques noires » ont été construites.

Et quand John Major a prononcé un discours important en 1992 pour assurer qu'il ne laisserait pas l'Union européenne prendre trop de pouvoirs, il a lui aussi osé une description bien loin de la réalité. « Dans cinquante ans, la Grande-Bretagne sera encore un pays d'ombres qui s'étirent sur les chemins de campagne, de bières tièdes, de banlieues vertes invincibles, d'amoureux des chiens [...] et – comme disait George Orwell – "des vieilles servantes allant à la communion à vélo à travers la brume matinale". » Le discours a fait rire les Anglais. John Major lui-même a passé l'essentiel de son enfance et adolescence à Brixton, un quartier populaire du sud de Londres, où les ombres ne s'étiraient probablement pas « le long des chemins de campagne ». Mais peu importe : il a cru bon de maintenir la fable.

Utiliser ce mythe pour expliquer le succès du Chelsea Flower Show est bien sûr un raccourci. Mais force est de constater que les Anglais imaginent leurs racines à la campagne. Même les très chics – et urbains – habitants de Chelsea. Même les célébrités du moment. Et même la reine. ■

FOOTBALL, PLUS IMPORTANT QUE LA VIE OU LA MORT

Bill Shankly, mythique entraîneur de l'équipe de football de Liverpool, l'aurait résumé d'une phrase : « Le football n'est pas une affaire de vie ou de mort. C'est beaucoup plus important que ça. » La phrase est sans doute apocryphe, mais peu importe : elle capture parfaitement l'importance primordiale du football en Angleterre.

Cass Pennant en sait quelque chose. Avec ses énormes tatouages, son crâne rasé et ses biceps qui débordent de son polo, il n'a pas besoin d'élever la voix pour se faire respecter. Sa stature en impose. Son passé aussi. Recevant dans son petit bureau coincé au sommet d'un pub de l'ouest de Londres, il se rappelle ses années de hooliganisme, passées à se battre dans la rue. Son équipe, à la vie, à la mort, est West Ham. C'est l'équipe d'un quartier pauvre de l'est de Londres, celles des

« titis » londoniens et des supporters au crâne rasé, qui joue en Premier League mais n'a jamais gagné grand-chose.

Dans les années 1970, lui, Noir, enfant adopté, se sentait mal intégré dans ce quartier prolétaire blanc. Le football lui a offert une porte d'intégration. « Pour la première fois de ma vie, j'étais traité en égal, pour la couleur de mon maillot, pas celle de ma peau. » Pour gagner sa place, le jeune adolescent joue les caïds. Il fait le coup de poing contre l'ennemi de toujours, l'équipe de Millwall. Il est au cœur d'Inter City Firm (ICF), un groupe de hooligans de West Ham, qui est pour lui sa vraie famille. Le combat de rue est sa spécialité, et sa férocité impressionne. « La violence, initiée par nécessité, était devenue mon mode de vie. »

C'est l'époque où les hooligans anglais terrorisent l'Europe, et font les gros titres des journaux. Mais la police veille et Cass Pennant se fait rattraper : il est condamné à trois ans de prison. Quelques années plus tard, videur de boîte de nuit, il reçoit trois balles dans la peau suite à une banale altercation. Depuis, Cass s'est complètement réinventé, écrivant sa biographie et publiant plusieurs livres et documentaires sur les hooligans.

Comment expliquer qu'au pays de l'humour et des discussions sur la météo, les hooligans aient si longtemps dominé ? L'explication, toujours la même, tient au « malaise » social évoqué par l'auteur Kate Fox. Cette population mal à l'aise avec les autres n'a que deux échappatoires : une politesse extrême ou la violence. Derrière le gentleman sommeille le hooligan.

À l'image de Cass, la violence dans le football a cependant été largement reléguée au passé. L'époque des durs à cuire et des *kops* (supporters) déchaînés est terminée en Angleterre. Non pas que les Anglais aient changé, mais la police a adopté une tactique plus subtile, évitant l'affrontement avec les supporters. L'ergonomie des stades a aussi changé radicalement, avec désormais un accès direct aux pelouses et l'interdiction des places debout. Dans le même temps, l'argent a déferlé. En 1991, le magnat de la presse, Rupert Murdoch, a lancé son bouquet de chaînes de télévision par satellite, Sky, et a acheté les droits de retransmission de la Premier League. Depuis, il signe des chèques toujours plus gros, qui assurent le succès de son entreprise.

Le stade de l'équipe de Chelsea, Stamford Bridge, prouve le changement profond du football anglais. L'atmosphère qui règne autour est plus proche de l'hôtel de luxe que de la baraque à frites d'antan. David Johnstone et Mark Worrall se posent à la terrasse du Frankies Bar, situé juste à son entrée. Ici, le menu propose des calamars frits et des salades de quinoa. Dans la salle, on porte polos à la mode et jeans bien coupés, lunettes de soleil, sans oublier le gel dans les cheveux.

David n'a jamais manqué un match de Chelsea depuis qu'il est adolescent. « Moi, j'en ai manqué trois depuis 1993 », regrette Mark, presque penaud. Il faut dire qu'il avait déménagé dans le Devon, dans l'ouest de l'Angleterre, et devait faire des heures de voiture pour aller voir son équipe.

Depuis leur enfance, il y a une quarantaine d'années, le football est passé d'une passion de fans à un business très riche. Le milliardaire russe, Roman Abramovich, a mis la main sur leur équipe favorite en 2003. Depuis, celle-ci a remporté trois fois la Premier League, quatre fois la Coupe d'Angleterre, une fois la Ligue des champions… David et Mark en sont heureux, bien sûr. Mais ils ont un regret : « Le football est devenu aseptisé. Depuis l'arrivée de Sky, ce sport s'est transformé en un rêve de directeur marketing. »

À l'intérieur de Stamford Bridge, les jours de match, une grande salle à manger sert des repas luxueux arrosés de vins fins et de champagne aux VIP. Grandes entreprises et sponsors dépensent des fortunes pour réserver une table et faire venir leurs meilleurs clients. Le stade étant relativement petit (42 000 places) et ne pouvant s'élargir à cause des immeubles aux alentours, il faut maximiser le profit. Un billet peut facilement atteindre 100 euros, et plus encore pour les grands matchs. Les joueurs sont devenus des multimillionnaires inapprochables, tenus à l'écart des médias et des fans. « À Stamford Bridge, vous ne verrez pas les supporters les plus accros, se lamente Cass. Les tickets sont devenus trop chers, et l'atmosphère politiquement correcte étouffe tout. »

Comme le cricket, comme l'Angleterre dans son ensemble, le football s'est rangé aux forces de l'argent. Alors, mort, l'esprit du football, au pays qui l'a inventé ? Absolument pas, répondent en chœur Cass, David et Mark. Bien sûr, ils râlent et regrettent le bon vieux temps. Mais tous demeurent des mordus, qui vivent presque uniquement pour le ballon rond. Ils racontent les voyages entre fans lors des déplacements de leur équipe, la camaraderie, la joie des victoires… « Je n'aime d'ailleurs pas tellement le football, sourit David. Ce qui me plaît, c'est la camaraderie et les rencontres entre les gens. »

Cette passion demeure. Partout en Angleterre, l'une des premières questions posées, pour faire la conversation après avoir parlé de la pluie et du beau temps, est : « Quelle équipe soutenez-vous ? » Même chez les femmes, il est pratiquement inimaginable de répondre : « Personne. » La discussion peut alors s'engager sur les mérites de tel ou tel joueur, ou les chances de succès de telle ou telle équipe. Les journaux, y compris les plus sérieux, consacrent de longues exégèses aux derniers matchs et aux tribulations des footballeurs et de leurs entraîneurs.

Pas question de prendre le sujet à la légère. « Il est impossible de changer l'équipe qu'on soutient, rappelle Cass. C'est à vie. » Cela fait partie de l'identité de chacun, et en dit long sur les racines et les aspirations. Arsenal est pour les « bobos » du nord de Londres ; West Ham pour les « prolos » de l'East End ; Chelsea a un côté nouveau riche…

Et au-delà des grandes équipes, la passion du football demeure dans tout le pays. Tous les week-ends, elle se retrouve sur les milliers de terrains amateurs que compte l'Angleterre ; des endroits comme London Marathon Playing Fields, dans le sud-est de la capitale britannique. Ici, dix terrains pour les enfants sont serrés les uns contre les autres. La buvette sert du thé au lait dans des gobelets en polystyrène, et des sandwichs au bacon avec une bonne couche de margarine. L'état des pelouses est discutable, et quand il pleut, les ballons ont une fâcheuse tendance à s'arrêter net dans les flaques d'eau.

Pourtant, quelle que soit la météo, les enfants sont présents, et les parents les encouragent le long des lignes de touche. La famille Earle est là, au complet. Le grand-père, George, accompagne et s'occupe du petit-fils, 8 ans, qui joue sur le terrain. Les deux petites-filles ont mis les écharpes du club et jouent les supporters. Le fils, Chris, est l'entraîneur. Leur équipe s'appelle Sutton Dynamo, le maillot est jaune et bleu, et le sponsor est un garage local qui a bien voulu payer l'équipement en échange d'avoir son numéro de téléphone dessus. « Je crois que personne ne l'a jamais appelé suite à cette publicité », s'amuse George.

Pour lui, le vrai esprit du football souffle là, sur ces terrains râpés. « En Premier League, tout n'est qu'argent. Ici, ce sont de vrais matchs. » Effectivement, Chris semble prendre tout à fait au sérieux son rôle d'entraîneur, et les enfants se regroupent autour de lui pour écouter les consignes.

George soupire cependant. Son petit-fils supporte Chelsea, alors que lui et son fils ont toujours été des supporters de Millwall, une équipe qui évolue désormais dans l'équivalent de la deuxième division. « Il en avait marre de voir Millwall perdre. » Et puis, après quelques secondes de réflexion, il hausse les épaules. Après tout, reconnaît-il, ce n'est pas bien grave. Ce qui compte vraiment, c'est que la passion du football ait été transmise. À voir les gamins courir comme des fous pour attraper le ballon, c'est réussi. Et ce n'est pas Cass, David et Mark qui le contrediraient. ■

ANNEXES

L'HISTOIRE RACONTÉE AUX ENFANTS

Les Tudors, la reine Victoria et la Seconde Guerre mondiale… Dans l'ordre et dans le désordre, de façon superficielle ou approfondie, l'enseignement de l'histoire aux enfants britanniques s'est longtemps réduit à ces trois périodes, qui reviennent de façon obsessionnelle. Les petits Anglais ont donc découvert leur passé à travers le prisme plutôt glorieux d'une dynastie du XVIe siècle en plein progrès, d'un Empire dominant le monde (« la reine Victoria, impératrice des Indes ») et d'une résistance héroïque face aux attaques nazies.

Si ces trois périodes revenaient sans arrêt, c'est en partie parce que l'enseignement de l'histoire a longtemps été très limité. Cette matière faisait partie du cursus commun jusqu'à 14 ans seulement, et peu de temps y était consacré, laissant des trous béants dans la mémoire collective. Si 1066 (l'arrivée de Guillaume le Conquérant) et 1666 (le grand feu de Londres) sont des dates qui restent connues, 1215 (la signature de la Magna Carta), 1649 (l'exécution du roi Charles Ier) et 1707 (les actes d'union entre l'Écosse et l'Angleterre) sont déjà un peu plus obscurs.

Face à ce manque, le gouvernement britannique a décidé en 2013 de renforcer l'enseignement de l'histoire. Celui-ci reste obligatoire uniquement jusqu'à 14 ans, mais de nombreuses périodes sont réintroduites. L'enseignement se fait de nouveau par ordre chronologique également.

Les citations ci-dessous sont tirées de livres scolaires des éditions CGP, et d'un site de la BBC dédié à l'histoire pour les enfants.

DE 5 À 7 ANS

– **Quelques grands événements « au-delà de la mémoire récente » :** le grand feu de Londres, le premier vol d'avion, et « les événements qui sont commémorés lors de festivals ou d'anniversaires » (par exemple la Première Guerre mondiale autour du 11 novembre…).

– **La vie de personnages emblématiques :** la liste n'est pas exhaustive, mais sont suggérés : *Elizabeth Ire* (1533-1603), cinquième et dernière souveraine de la période Tudor ; *la reine Victoria* (1819-1901), la reine de l'Empire, l'impératrice des Indes, à la tête de la première puissance mondiale, en pleine révolution industrielle ; *Christophe Colomb*, découvreur de l'Amérique ; *Neil Armstrong*, premier homme sur la Lune ; *William Caxton*, premier imprimeur anglais, au XVe siècle ; *Tim Berners-Lee*, inventeur du World Wide Web ; *Pieter Bruegel l'Ancien*, peintre néerlandais ; *Rosa Parks*, grande figure du mouvement des droits civils des Noirs américains ; *Emily Davison*, militante suffragette, morte en se jetant devant le cheval du roi George V ; *Mary Seacole* et *Florence Nightingale*, la première, une métisse jamaïco-écossaise du XIXe siècle, infirmière, partie aider les soldats à la guerre de Crimée, après avoir été refusée par l'armée ; la seconde, une fille de bonne famille, devenue infirmière malgré l'opposition de ses parents et également partie soigner les soldats pendant la guerre de Crimée ; etc.

DE 7 À 10 ANS

– **De l'âge de la pierre à l'âge du bronze :** « La préhistoire a duré vraiment très, très longtemps », indique le livre des éditions CGP.

– **L'Empire romain et son impact sur la Grande-Bretagne :** « Après avoir bravement résisté » aux tentatives d'invasion par Jules César, sous la houlette de Boudica, les Celtes ont fini par céder face à l'empereur Claudius, en 43 de notre ère, informe la BBC. Le site explique ensuite la construction en l'an 122 du mur d'Hadrien, marquant aujourd'hui encore à peu près la frontière entre l'Angleterre et l'Écosse.

– **L'installation des Anglo-Saxons :** « L'Empire romain ne pouvait plus payer tous les soldats nécessaires pour conserver ses territoires, et il a été conquis morceau par morceau par des envahisseurs. […] En 410, les Romains se sont retirés. » Les « Anglo-Saxons, un mélange de gens venant d'Allemagne, du Danemark et du nord de la Hollande » ont envahi la Grande-Bretagne, arrivant par la mer du Nord. Ils sont présentés comme des fermiers, vivant dans des villages, contrairement aux Romains qui avaient établi des villes. De plus, ils ne sont pas chrétiens, contrairement aux Romains du Ve siècle, mais païens. Les Anglo-Saxons sont parfois considérés comme des mercenaires, « payés par des leaders britanniques pour se battre contre les Picts », qui vivaient en Écosse.

Viennent ensuite les invasions vikings. Alfred le Grand, l'un des premiers rois britanniques enseigné, perd des territoires, avant que ses descendants ne les reprennent progressivement. Arrive enfin Edward, devenu roi en 1042, de mère normande et élevé toute son enfance en Normandie. Le programme se termine sur l'invasion de Guillaume le Conquérant en 1066.

DE 11 À 14 ANS

– **Le développement de l'Église, de l'État et de la société dans la Grande-Bretagne médiévale (1066-1509) :**

- *La victoire de Guillaume le Conquérant* à la bataille d'Hastings en 1066 est couverte en détail. Mais rapidement, son arrivée se gâte. « Quand les Normands se sont installés, ils ont fait face à la trahison, à la collusion et aux menaces étrangères. Et pourtant, Guillaume a réussi à réaliser le monumental livre *Domesday* (l'équivalent du premier recensement du pays, réalisé pour des raisons de collecte d'impôts, et aujourd'hui une source historique précieuse). »
- *Magna Carta.* Ce texte est aujourd'hui célébré comme « le développement de l'État » britannique. Mais les livres d'histoire sont clairs : à l'époque, la Magna Carta n'était qu'un compromis politique entre le roi John et ses barons, qui s'agaçaient de ses guerres inutiles et des confiscations de terres et de bâtiments. La Magna Carta était une simple façon d'obtenir une trêve. « Après le chapitre d'ouverture garantissant les droits de l'Église, les quinze chapitres suivants servent à réduire les excès du roi : ils limitent les impôts et le paiement de certaines taxes, et interdisent l'abus de privilèges [...]. Dix autres chapitres parlent de finances, et un dernier bloc important confirme que le droit du peuple s'inscrit sous la Loi commune *(Common Law)*. » C'est cette dernière partie qui restera dans l'histoire, puisqu'elle indique que le roi est soumis aux lois. C'est « la seule clause qui reste en vigueur aujourd'hui ». Mais à l'époque, la Magna Carta passe inaperçue : « L'accord a tenu moins de trois mois. »

- *La peste noire.* « La malnutrition chronique a affaibli la population, la rendant sans doute plus vulnérable à la peste noire, la pire maladie de l'histoire, qui est arrivée en Europe en 1347 et en Angleterre l'année suivante. […] La population de la Grande-Bretagne et de l'Irlande avant la peste noire était peut-être de huit millions. […] Son déclin a continué jusqu'en 1450 environ, quand la population était de deux ou trois millions. »

– Le développement de l'Église, de l'État et de la société (1509-1745) :

- *Les Tudors, la réformation et la contre-réformation.* « Henri VIII était un tyran qui a commis d'énormes actes de vandalisme culturel, mais il reste un personnage très populaire. Pourquoi ? » Après cette introduction coup de poing, la BBC rappelle que le deuxième roi de la dynastie des Tudors a régné pendant quatre décennies (1509-1547), « posant la fondation de l'Église d'Angleterre, remodelant le gouvernement et l'impôt, donnant plus de poids au Parlement, incorporant le Pays de Galles dans le système administratif anglais, établissant le royaume d'Irlande… » Le texte insiste peu sur les six mariages d'Henri VIII, soulignant au contraire que la réformation et la séparation avec le Vatican ne sont pas dues seulement à son désir de se marier avec Anne Boleyn, qui était protestante. En 1534, l'acte de suprématie confirme la rupture avec Rome.
  L'enseignement se concentre ensuite sur Elizabeth Ire, une époque « souvent considérée comme un âge d'or. » La reine porte des tenues luxueuses, William Shakespeare révolutionne le théâtre, « mais les pauvres deviennent encore plus pauvres ».

- *La guerre civile et la révolution (1603-1714).* Cela est considéré comme « l'une des périodes les plus tumultueuses de l'histoire anglaise ». À la mort d'Elizabeth Ire en 1603, le trône passe à son cousin, James VI, qui est aussi le fils de Marie Stuart, reine des Écossais. Ce dernier se retrouve roi d'Écosse, mais aussi d'Angleterre et d'Irlande, sous le nom de James Ier. Les trois royaumes sont ainsi unifiés pour la première fois. « C'étaient trois pays très différents, avec des histoires très distinctes, et des souvenirs profonds de conflits entre eux. » Leurs religions sont différentes aussi : calvinistes en Écosse, protestants plus modérés en Angleterre, catholiques en Irlande, avec des minorités religieuses dans chacun des pays. Les catholiques anglais, qui espèrent initialement que James VI sera moins sévère avec eux que ne l'était Elizabeth, doivent déchanter. Ils préparent alors une tentative d'assassinat, voulant faire exploser le Parlement le jour de son ouverture par le roi. Ils échouent de peu (c'est le *Gunpower Plot*, célébré chaque année au Royaume-Uni par des feux d'artifice).

À la mort de James VI en 1625, son fils Charles Ier lui succède. Le conflit religieux tourne à la guerre civile en 1642. Il oppose le nord et l'ouest, qui sont dans l'ensemble « royalistes », et le sud et l'est, qui sont « parlementaires » (le Parlement était horripilé que le roi gouverne sans lui et s'était révolté). Charles Ier finit par perdre la bataille, après l'intervention décisive de l'armée écossaise contre lui. En 1649, il sera finalement décapité. Peu après, une République est mise en place, sous la houlette d'Oliver Cromwell. Mais celui-ci meurt cinq ans plus tard, et son fils échoue à conserver le pouvoir après quelques mois. En 1660, Charles II, fils de Charles Ier, entre à Londres. « La monarchie avait été restaurée. » Cinq ans plus tard, la peste dévaste la population. L'année suivante, le grand feu de Londres, commencé dans une boulangerie, détruit une large partie de la capitale (13 200 maisons et 84 églises détruites).

– **Idées, pouvoir politique, industrie et Empire (1745-1901) :** le programme se concentre initialement sur les Lumières, le trafic des esclaves, la guerre d'indépendance américaine et la révolution française.

- *La révolution industrielle.* « Après 1760, une augmentation graduelle mais continue du taux de croissance économique et industrielle fait de la Grande-Bretagne la première nation industrialisée au monde. » Des usines sont fabriquées, des canaux sont creusés, les villes grossissent. La population britannique double, atteignant 14 millions d'habitants au début du XIXe siècle. Des changements sociaux radicaux s'opèrent. L'apprentissage de la lecture et de l'écriture se développe, accompagné de notions chrétiennes très strictes.

L'Empire se forme à partir du début du XVIIIe siècle, avec la côte est de l'Amérique, des îles des Caraïbes. Plus tard, malgré « la perte désastreuse » des treize États des États-Unis, la Grande-Bretagne prend le contrôle de la Sierra Leone, de l'île Maurice, du Cap en Afrique du Sud…

- *Les guerres napoléoniennes.* La France et la Grande-Bretagne s'opposent frontalement, d'abord pendant la guerre de Sept Ans (1756-1763), puis pendant les guerres napoléoniennes (1793-1801 et 1802-1815). C'est un « triomphe », note la BBC, avec la victoire de Trafalgar en 1805 et « culminant avec la victoire de Wellington à Waterloo ». « En 1815, la Grande-Bretagne s'est forgé un empire impressionnant de par sa taille, et plus puissant dans les océans Indien, Atlantique et près de ses côtes qu'aucun pays européen n'a jamais réussi à faire. »

- *L'époque victorienne.* De 1819 à 1901, l'ère de la reine Victoria n'a connu qu'une seule guerre, celle de Crimée. Cette période de paix, doublée de l'industrialisation et du contrôle de l'Empire, a permis un développement sans précédent, et de domination. « La Grande-Bretagne contrôlait vraiment les mers. » La colonisation est considérée de façon ambiguë : « Ce serait une énorme exagération que de dire que ceux qui vivaient dans des colonies britanniques avaient l'impression d'être des privilégiés. […] Néanmoins, il ne faut pas dénier que de nombreux administrateurs coloniaux et missionnaires chrétiens ont mené leur devoir colonial avec une détermination forcenée de faire le bien. »
Néanmoins, à l'intérieur de la Grande-Bretagne, le développement industriel s'accompagne « d'une des pires pauvretés du monde civilisé ». La tuberculose fait des ravages et l'espérance de vie, bien qu'en hausse, reste sous l'âge de 50 ans au début du XXe siècle.

– **Les défis de la Grande-Bretagne, de l'Europe et du monde de 1901 à nos jours :** si l'indépendance de l'Irlande et la lutte des suffragettes sont au programme, la Première Guerre mondiale domine largement l'enseignement. La Grande Guerre est enseignée comme étant un conflit traumatique, qui a révolutionné la Grande-Bretagne. « En 1901, la Grande-Bretagne [...] n'était pas une réelle démocratie. En 1918, elle était devenue une démocratie, avec l'introduction du suffrage universel pour les hommes et du vote pour les femmes de plus de 30 ans. » C'est l'entrée du pays dans le xxe siècle.

- *Seconde Guerre mondiale.* Les livres d'histoire s'intéressent à la crise de 1929, à la montée du nazisme en Allemagne et passent beaucoup de temps à expliquer le génocide juif. Ils consacrent aussi systématiquement un chapitre au *Home Front*, le front britannique. Vécue comme un conflit où la Grande-Bretagne a tenu un rôle glorieux, la Seconde Guerre mondiale « a mobilisé la population civile comme jamais jusqu'alors ». Celle-ci vivait dans « une société hautement régulée et sous attaque régulière de l'ennemi ». Le Blitz en particulier est mis en avant : « Après que la RAF a battu la Luftwaffe lors de la bataille d'Angleterre en 1940, la force aérienne allemande a tenté de forcer les civils britanniques à se rendre en les bombardant. Cela a continué jusqu'en mai 1941, quand Hitler a tourné sa force militaire vers la Russie. Mais les Allemands sont revenus en 1943 et 1944, en tirant leurs terrifiantes bombes V1 et V2 depuis le continent. »
- *La création de l'État-providence et la décolonisation.* Le cursus d'histoire se termine avec quelques chapitres vite faits sur la société britannique des années 1960 aux années 2000. Mais avant cela, il insiste encore sur deux périodes. La première, post-guerre, est la création de l'État-providence. Un chapitre entier est même consacré au National Health Service (NHS), le système de santé gratuit pour tous, preuve de son importance dans la conscience collective. Enfin, la décolonisation, particulièrement de l'Inde et de l'Égypte, est couverte en détail. ■

LES CHIFFRES CLÉS

Capitale : Londres
Population (millions) :
Royaume-Uni : 64,1
Angleterre : 53
Superficie (km²) :
Royaume-Uni : 241 000
Angleterre : 130 000
Densité (habitants/km²) :
Royaume-Uni : 265
Angleterre : 407 habitants/km²
(deuxième niveau le plus élevé d'UE après Malte)
Population des principales villes :
Birmingham : 1,1 million
Leeds : 751 000
Glasgow (Écosse) : 597 000
Sheffield : 552 000
Bradford : 526 000
Manchester : 514 000
Édimbourg (Écosse) : 486 000
Liverpool : 471 000
Origines ethniques (chiffres de l'Angleterre et du Pays de Galles) :
Blancs britanniques : 80,5 %
Blancs irlandais : 0,9 %
Autres blancs : 4,4 %
Sous-continent indien : 7,5 %
– dont Indiens : 2,5 %
– Pakistanais : 2 %
Noirs africains et des Caraïbes : 3,3 %
Métis : 2,2 %
Religions (chiffres couvrant l'Angleterre et le Pays de Galles) :
Chrétiens : 59 %
(71,7 % en 2001)
Sans religion : 25,1 %
(14,8 % en 2001)
Musulmans : 4,8 %
(3 % en 2001)
Valeur ajoutée brute (indicateur proche du Produit Intérieur brut, en milliards de livres sterling) :
Angleterre : 1 298
(86,5 % du Royaume-Uni)
Valeur ajoutée brute par habitant (livres sterling) :
Angleterre : 24 091
Royaume-Uni : 23 394

HD ateliers henry dougier

Nous avons pour ambition de raconter avec lucidité, simplicité et tendresse, la beauté et les fureurs du monde. Tout ce qui est susceptible de nous réveiller, de briser la glace en nous, de réenchanter nos vies. C'est tout naturellement que « 7 milliards d'Autres », un projet de la Fondation GoodPlanet, a trouvé écho dans cette approche humaniste et sensible du monde.

Aussi, pour approfondir la lecture des livres **« Lignes de vie d'un peuple »**, retrouvez, sur www.ateliershenrydougier.com et sur les e-books de la collection, les portraits vidéo issus de « 7 milliards d'Autres ».

7 milliards d'Autres

Apprendre de l'expérience de l'Autre
Comprendre ce qui nous sépare
Découvrir ce qui nous rassemble

Le projet « 7 milliards d'Autres » voit le jour il y a plus de dix ans. Après avoir survolé la Terre afin d'en faire un état des lieux à travers ses photographies aériennes, **Yann Arthus-Bertrand** lance en 2003 ce projet audacieux : **faire un portrait vidéo du monde**, sensible et humaniste. Durant sept années, les deux réalisateurs, Sybille d'Orgeval et Baptiste Rouget-Luchaire, ainsi qu'une équipe de reporters ont sillonné le monde à la rencontre de ses habitants. Dans 84 pays, ils ont recueilli la parole de ces hommes et de ces femmes, tous si différents et pourtant si proches.

Ces **témoignages bouleversants de simplicité** nous entraînent dans un jeu subtil de miroirs, où le singulier permet d'accéder à l'universalité. Ils sont un cri de vérité, de tolérance et de solidarité qui émeut, ébranle nos certitudes, nos convictions, et nous incite à voir au-delà des apparences. « 7 milliards d'Autres », c'est se rendre compte que l'Autre, c'est aussi un peu de nous.

« 7 milliards d'Autres » est un projet de la Fondation GoodPlanet, soutenu par BNP Paribas. Retrouvez tous les films du projet sur www.7milliardsdautres.org

FONDATION
GOODPLANET

Vivre ensemble durablement

La Fondation GoodPlanet, reconnue d'utilité publique et présidée par Yann Arthus-Bertrand, a pour mission de **« mettre l'écologie et le vivre ensemble au cœur des consciences »**.

Achevé d'imprimer par Corlet
14110 Condé-sur-Noireau
N° d'imprimeur : 171387
Imprimé en France